智库 中社
国家智库报告 2018（32）
National Think Tank
社会 · 政法

盐池的精准扶贫之路

王灵桂　张中元　著

YANCHI'S TARGETED MEASURES FOR POVERTY RELIEF AND ITS INTERNATIONAL IMPLICATION

中国社会科学出版社

图书在版编目(CIP)数据

盐池的精准扶贫之路 / 王灵桂，张中元著 .—北京：中国社会科学出版社，2018.10

(国家智库报告)

ISBN 978 - 7 - 5203 - 3374 - 0

Ⅰ.①盐…　Ⅱ.①王…②张…　Ⅲ.①扶贫—研究—盐池县　Ⅳ.①F127.434

中国版本图书馆 CIP 数据核字(2018)第 237472 号

出 版 人　赵剑英
项目统筹　王　茵
责任编辑　喻　苗
特约编辑　王玉静
责任校对　朱妍洁
责任印制　李寡寡

出　　版　中国社会科学出版社
社　　址　北京鼓楼西大街甲 158 号
邮　　编　100720
网　　址　http://www.csspw.cn
发 行 部　010 - 84083685
门 市 部　010 - 84029450
经　　销　新华书店及其他书店

印刷装订　北京君升印刷有限公司
版　　次　2018 年 10 月第 1 版
印　　次　2018 年 10 月第 1 次印刷

开　　本　787 × 1092　1/16
印　　张　9.25
插　　页　2
字　　数　121 千字
定　　价　48.00 元

摘要：党的十八大以来，盐池县严格按照党中央作出打赢脱贫攻坚战的重大决策部署，在扶贫过程中充分发挥主导作用，瞄准贫困群众发展产业资金短缺的薄弱环节，以此为扶贫工作的突破口，创新开展互助资金、评级授信、四信平台建设等多种金融扶贫小额信贷工作，全面构建社会信用体系，打造诚信社会，创新担保模式，以“互助资金”结合“千村信贷”撬动了数倍发展资金，扩大贫困户评级授信覆盖面，打破“60岁以后不能贷款”的硬框框，将非恶意“黑名单”建档立卡贫困户纳入评级授信范围；创新推行“扶贫保”，破解了建档立卡贫困户贷款困难、因病因灾返贫等“十大难题”，形成了独具特色的“盐池模式”。

盐池县积极探索创新产业扶贫机制，创新产融结合，把产业扶贫作为打赢脱贫攻坚战的根本之策，解决群众可持续发展的问题。盐池县坚持把产业扶贫作为精准扶贫的主攻方向和着力点，以产业扶贫为核心实现农业增产、农民增收的目标，做强滩羊产业、做大黄花产业、做优小杂粮产业、做实牧草产业，利用“1+4+X”解决扶贫手段单一的问题；强化科技支撑，助推产业转型升级；突出龙头带动，打造产业链以解决农户过于分散的问题。盐池县加大金融扶持，破解产业融资难题，创新推出产业扶贫保险，积极推进产业金融支农服务创新。

盐池县将健康、教育扶贫作为重大政治任务和第一民生工程，以精准健康扶贫为抓手，着力解决大病救助保障力度不够、医疗能力弱、就医负担重等难题，蹚出了一条革命老区健康扶贫的精准之路。以抓好报销保障、参保补助和服务“三个环节”，让群众看得起病；以夯实医疗设施和医疗软件“两个基础”，让群众看得好病；以实施健康促进、推进健康服务工程，让群众少得病。盐池县遵循教育优先发展战略，全面改善办学条件，完善体系，实现学生资助全覆盖，控辍保学，确保学生完成义务教育；优化结构，均衡师资队伍配置；创新举措，提高农村学校教育质量；整合资源，发挥职业教育优势。

盐池县量身定做扶贫保，兜住返贫底线。实施综合医疗保、养殖业扶贫保、种植业扶贫保；建立健全机制，确保扶贫保险健康发展；建立资金投入引导机制、风险分散补偿机制，实施金融信贷保，让金融机构吃上了定心丸；建立高效投保服务机制，在承保服务方面，专门成立了扶贫保工作组，对每个村、每个组都进行了专场培训；在理赔服务方面，对扶贫保险中的大病医疗保险实行一站式服务。

盐池县围绕“产业兴旺、生态宜居、治理有效、乡风文明、生活富裕”的目标，按照推进新型城镇化发展和脱贫攻坚总体要求，推进危窑危房改造，实现农村常住户安全住房全覆盖。通过制定严格的审核标准，确保危房改造对象精准；管控质量安全，确保群众住上安全住房；加大资金投入，切实解决危房改造问题，减轻农户经济负担；严格住房安全认定，强化完善农村危房危窑改造工作。盐池县推进美丽乡村建设，提升农村基础设施公共服务能力；通过抓好顶层设计，全面优化乡村布局；抓好基础设施建设，促进城乡公共服务均等化；抓好服务提升工作，健全完善配套服务功能。盐池县推进农村人居环境整治，改善农村生产生活生态条件；通过坚持示范引领，扎实推动农村环境“脏、乱、差”整治；创新运行机制，确保农村环境卫生保洁长效化、良性化。

盐池县坚持脱贫是底线、富民是关键，注重精神扶贫。围绕扶贫先扶志、治穷先治愚、脱贫先脱旧，进一步激发脱贫内生动力，既要让群众“富口袋”，也要“富脑袋”，真正让群众有尊严地脱贫致富。盐池县深化“三先开路”，立足扶贫先扶志，激发脱贫内生动力；解决部分贫困群众存在精气神不足、“等靠要”思想、贫困群众人穷志短、贫困群众缺乏诚信等问题。立足治穷先治愚，筑牢脱贫富民根基；大力实施“示范带动”“育人塑魂”“育人塑才”工程。立足脱贫先脱旧，架起乡村振兴支点；致力以文化助力精神脱贫；移风易俗树新风，推动物质精神全面脱贫；改善环境立样板，激发村民内生动力。

盐池县充分发挥党委的主导作用，为脱贫提供坚强组织保证，盐池县积极探索创新党建模式，推进基层党建与精准扶贫、精准脱贫深度融合、互促共进；深入开展“三先开路”专题教育，提振党员干部打赢脱贫攻坚战的“精气神”，激发贫困群众脱贫致富的“原动力”。以“四个善于”严格要求党员领导干部，与基层群众沟通形式多、方法活、载体新，切实推动党的政治优势、组织优势、密切联系群众优势转化为脱贫攻坚的发展优势。盐池县深入开展“育人塑魂”工程、“诚信盐池”建设，引导贫困群众改变被动、依赖、观望心理；深入开展“推动移风易俗，树立文明新风”活动，推动社会风气向上向好。为了筑牢组织基础和服务基础，盐池县坚持问题导向，解难题补短板，精准对标脱贫攻坚和产业发展需求选干部、配班子；抓基层实基础，持续提升基层党组织的组织力；加强扶贫资金管理，确保资金安全规范使用。为了汇集人才优势和资源优势，盐池县选派骨干驻村扶贫，实施能人治村；强化部门帮扶，创优发展环境；增强造血功能和内生动力，坚持把党组织建在产业链、扶贫链上，注重发挥党组织在产业发展中的引领服务作用；在本乡本村现有能人中培育扶持一批、从外出创业成功人员中召回一批、依托特色产业引进一批的措施，培育致富带头人；把创优发展环境作为发展集体经济的关键措施来抓，优先扶持村级组织发展集体经济，切实为发展村集体经济创造必要条件。

贫有百样、困有千种。解决问题必须依靠强有力的改革创新来实现，盐池县党委和政府坚持问题导向，统揽经济社会发展全局，充分发挥政治优势和政府引导作用，调动各方面参与的积极性，在扶贫创新的过程中充分体现了各级党组织、党员的精神担当、责任担当。盐池县一些扶贫举措具有一定的普遍启示意义：发挥政府的引导作用，强化对中央精神的执行力；善于抓扶贫工作的突破口，大胆探索创新；求真务实、因地制宜，创新社会扶贫机制；把精准识别作为脱贫攻坚的首要任务；把扶贫同“扶志”“扶智”相结合；抓好基层党建，加强队伍建设等。充分发挥了政府“有形之手”的引导作用，释放市场“无形之手”的活力，调动盐池人民“勤劳之手”的积极性，使得盐池人民享受到了党和政府的惠民政策，逐步解决了温饱问题。

关键词：盐池；精准扶贫；产融结合；乡村振兴；党建

Abstract: Since the 18th National Congress of the Communist Party of China, Yanchi County has strictly followed the Party Central Committee's major decision – making arrangements to win the fight against poverty and play a leading role in the process of poverty alleviation, aiming at the weak links of the poor people in the development of industrial funds, and thus serving as a breakthrough for poverty alleviation. Yanchi County innovatively carries out various financial poverty alleviation microfinance works, such asmutual aid funds, rating credit and four level credit reputation platform construction, comprehensively constructs a social credit system, builds a credible society, innovates a guarantee model, uses "mutual support funds" combined with "thousand village credits" to lever several times of development funds, expands the credit coverage of poor households, breaks the hard frame of "no – bank – loan after 60 years old", and includes "non – malicious blacklist" filed poverty – stricken households into the rating credit line. Yanchi County also innovatively implements "poverty alleviation insurance" and solves the "Ten Major Problems", such as difficulties in loans for poor households and returning to poverty due to illness and disaster, which forms a unique "Yanchi model".

Yanchi County actively explores the poverty alleviation mechanism of industrial development by the combination of industry and finance, and regards industrial poverty alleviation as the fundamental strategy for winning the fight against poverty and solving the problem of sustainable development of the masses. Yanchi County adheres to the industrial poverty alleviation as the main direction and focus of precision poverty alleviation, and aims to achieve agricultural production and farmers' income increase with industrial poverty alleviation, to strengthen the Sheep, Daylily (Hemerocallis citrina Baroni), Miscellaneous grains industry and Forage grass industries, which uses "1 +4 + X" models to solve the problem of single poverty alleviation means. Yanchi County strengthens scientific and technological support, promotes industrial transformation and upgrading, highlights leading enterprises and builds industrial chain to solve the problem of excessive dispersion of farmers. Yanchi County also increases financial support, innovates and launches industrial poverty alleviation insurance, and actively promotes industrial finance and agricultural service innovation.

Yanchi County regards health and education poverty alleviation as a major political task and priority of people's livelihood project. With the focus on precision health and poverty alleviation, it focuses on solving the problems of insufficient rescue support for serious illness, weak medical ability and heavy medical burden, and creates a precise road of poverty alleviation in old revolutionary district. Yanchi County holds the priority development strategy of education, comprehensively improves the conditions for schools to achieve full coverage of student financial support, guarantees the students to complete compulsory education, balances the allocation of teachers, and improves the quality of education in rural schools. Yanchi County tailors poverty alleviation insurance to cover the bottom line of returning to poverty by implementing comprehensive medical insurance, aquaculture poverty alleviation and planting poverty alleviation. Yanchi County establishes the sound capital investment guidance and risk dispersion compensation mechanism, to ensure the healthy development of poverty alleviation insurance. In the aspect of claims service, one – stop service was provided for the major illness medical insurance in poverty alleviation insurance.

Yanchi County promotes the renovation of dangerous houses and dangerous kilns and realizes the full coverage of rural permanent residents by focusing on the goal of "prosperous industry, ecologically livable, effective governance, rural civilization and rich life". In accordance with the overall requirements of promoting new urbanization development and poverty alleviation, Yanchi County ensures that the targets of dangerous buildings are accurately adjusted through strict auditing standards, ensures that the people live in safe housing by controlling quality and safety, effectively solves the economic burden of farmers in dilapidated houses by increasing capital investment, strengthens and improves the renovation of dangerous buildings in rural dilapidated buildings by strictly identifying housing safety. Yanchi County promotes the construction of beautiful villages and enhances the public service capacity of rural infrastructure, and promotes the equalization of urban and rural public services by improving the infrastructure construction. Yanchi County promotes the improvement of rural human settlements and the ecological conditions of rural production and living by adhering to demonstration and guidance, which ensure the long - term benignization of rural environmental sanitation.

Yanchi County focuses on spiritual poverty alleviation and insists that poverty alleviation is the bottom line, enriching the people is the key. Yanchi County solves some of the poor people's lack of spirit by further inciting the endogenous motivation for poverty alleviation and cultivating people to build souls and talents.

Yanchi County gives full play to the leading role of the party committee and provides a strong organizational guarantee for poverty alleviation. Yanchi County actively explores the party building model, promotes basic level organization building, and promotes mutual progress. Yanchi County intensively carries out the project of "cultivating people and shaping souls" and "building integrated Yanchi" to guide the poor to change their passive, dependent and wait - and -

see attitudes. In order to build the foundation of the organization, Yanchi County adheres to the problem orientation, solves the problem and fills the shortcomings, selects the cadres and teams with accurate bidding for poverty alleviation and industrial development needs, grasps the basic level foundation and continuously enhances the organizational strength of basic level party organizations. Yanchi County strengthens the management of poverty alleviation funds to ensure the safe use of funds. In order to bring together talents and resource advantages, Yanchi County selects key cadres to help the poor, implements the competent person to rule the village and cultivates a group of existing talents in the village to develop the collective economy.

There are hundreds of poor and thousands of traps. The solution of the problem must be achieved by strong reform and innovation. The party committee and government of Yanchi County adhere to the problem orientation, take the overall situation of economic and social development, give full play to the political advantages and the guiding role of the government, and mobilize the enthusiasm of all party members to participate in the process of poverty alleviation. It fully embodies the responsibility of party organizations and party members at all levels. Some poverty alleviation measures in Yanchi County have certain universal significant enlightenment. Give full play of the "tangible hand" of the government's guiding role, release the vitality of the "invisible hand" of the market, and mobilize the enthusiasm of the "hardworking hands" of the Yanchi people, who enjoy the party and the government's policy of benefiting the people and gradually solve their food and clothing problems.

Key Words: Yanchi, Targeted Measures for Poverty Relief, Combination of Industry and Finance, Rural Revitalization, Party Building

目　　录

第一章　盐池县扶贫总结

盐池县位于陕甘宁蒙四省交界地带，地处毛乌素沙漠南缘，1936年解放，既是革命老区，也是宁夏中部干旱带上的国家级贫困县，面积8522.2平方千米，辖4乡4镇1个街道办，102个行政村，总人口17.2万人，其中，农业人口14.3万人。2014年精准识别贫困村74个，贫困人口11203户32998人，贫困发生率为23%。2018年是中国改革开放40周年，这40年也是盐池县扶贫开发走过艰难历程、不断取得阶段性成果，最终取得显著成效的40年。40年来，盐池县组织实施了吊庄移民、扶贫扬黄灌溉工程移民、易地扶贫搬迁移民、生态移民等工程，按照不同时期的扶贫标准，累计减少贫困人口5.6万，贫困地区面貌和贫困群众的生产生活发生了翻天覆地的变化。党的十八大以来，盐池县严格按照党中央作出的打赢脱贫攻坚战的重大决策部署，坚持精准扶贫、精准脱贫基本方略，按照脱贫是底线、富民是关键，围绕“六个精准”“五个一批”脱贫攻坚基本要求，大力实施了基础提升、产业扶贫、金融扶贫、健康扶贫等重点工程，培育了光伏扶贫、旅游扶贫、电商扶贫等扶贫新业态，全面完成了北塘、十六堡、隰宁堡生态移民工程，闽宁协作、企地帮扶、军民共建、党建指导不断深化，创新开展了互助资金、评级授信、四信平台建设等多种金融扶贫小额信贷工作，创新推行“扶贫保”，破解了建档立卡贫困户贷款困难、因病因灾返贫等“十大难题”，走出了一条“依托金融创新推动产业发展、依靠产业发展带动贫困群众增收”的特色脱贫之路，推进扶贫开发由“输血式”向“造血式”转变。

2015 年盐池县金融扶贫工作受到国务院通报表扬，全国金融扶贫培训班连续两年在盐池召开，金融扶贫精准统计被国务院扶贫办确定为国家标准，金融扶贫“盐池模式”向全国全面推广。2016 年，中央深化改革领导小组对盐池县“扶贫保”经验给予充分肯定，向全国推荐交流。公立医院改革受到国务院通报表扬，第一批创建全国健康促进县并获得优秀。2017 年落实土地节约集约利用等政策成效明显，受到国务院办公厅督查激励。盐池县扶贫开发和生态移民工作考核获宁夏一等奖和全国首批农村劳动力转移示范县称号，连续四年荣获宁夏扶贫工作考核一等奖，效能目标责任制考核连续五年荣获宁夏一等奖，综合经济实力稳居宁夏山区九县首位。可以说，盐池扶贫开发史就是一部生态环境治理史、一部特色产业发展壮大史、一部农村金融创新发展史、一部农村精神文明建设史。

第一节　主要指标完成情况

脱贫任务完成情况：

截至2017 年年底，全县贫困村出列 74 个，减贫 10792 户 32078 人，剩余 411 户 920 人因病、因残没有实现稳定脱贫，贫困发生率为 0. 66%。

“两不愁、三保障”达标情况：

截至2017 年年底，全县完成地区生产总值 85. 6 亿元，农民人均可支配收入 9548 元，建档立卡贫困户人均可支配收入 8145 元，贫困群众均实现了“不愁吃、不愁穿”。全县九年义务教育阶段实现“零辍学”，建档立卡贫困户基本医疗保险参保率达 100%，健康扶贫政策惠及全县所有农户，群众住房全部得到改造加固，实现了义务教育、基本医疗、住房安全“三保障”。

“公共服务建设”达标情况：

全县村组路网实现“全覆盖”，安全饮水普及率达100%，宽带网络实现行政村“全覆盖”，通信信号、广播电视实现自然村“全覆盖”，102个行政村村级组织健全且均有稳定的支柱产业，贫困村村级集体经济收入均达22万元以上，各行政村文化体育活动场所、综合服务网点、标准化卫生室齐备。

一 花马池镇

花马池镇东邻陕西定边县，北靠内蒙古鄂托克前旗，属环县城乡镇，是2003年3月由原柳杨堡乡、城郊乡和苏步井乡合并而成的一个以工农牧为一体的郊区型小城镇。全镇土地总面积1531平方千米，有耕地21.8万亩，其中水浇地8.23万亩，草原面积144.62万亩，林地面积85.4万亩。全镇辖23个行政村和1个社区居委会，146个村（居）民小组，总人口13065户35390人，农村常住人口有5911户16550人。有17个贫困村（社区）和7个非贫困村，共有建档立卡贫困户2320户6414人，贫困发生率为18.1%。2014年以来，花马池镇认真贯彻落实中央及区、市、县关于脱贫攻坚工作会议和文件精神，把精准扶贫、精准脱贫作为战略性任务，以农民致富增收为重点，以全面脱贫摘帽为目标，对照“一增收、两不愁、三保障”指标，围绕“六个精准”，通过实施“五个一批”，加强组织、上下联动、凝聚力量、真抓实干、强力推进，使全镇脱贫攻坚工作取得了一定成效。

主要指标完成情况

脱贫任务完成情况：

完成贫困村出列17个，减贫2204户6179人。截至2017年年底，全镇剩116户235人没有实现稳定脱贫，贫困发生率为0.66%。

“两不愁、三保障”达标情况：

2017年全镇地区生产总值达11.8亿元，农民人均可支配收入10750.1元，建档立卡贫困户人均可支配收入9965元，所有贫困群众均实现了“不愁吃、不愁穿”。全镇义务教育阶段按时入学率达100%；2017年，全镇建档立卡贫困户城乡居民基本医疗保险、家庭意外伤害保险和大病补充保险参保率均达100%，健康扶贫政策惠及全镇所有农户，实现了基本医疗保障全覆盖。采取群众自建、集中建设、易地搬迁、维修加固等措施，实现了所有农户住房安全有保障。

“公共服务建设”达标情况：

全镇新建维修村组道路及巷道447.13千米，实现了24个行政村通柏油路和146个自然村通水泥路或砾石路“全覆盖”；146个村民小组全部通自来水，常住农户自来水入户率达100%，供水水质达标率达100%；宽带信息实现行政村全覆盖，通信信号、广播电视实现自然村全覆盖；按照区域优势，通过滩羊养殖，种植黄花、中药材、牧草，外出务工等，贫困户均有稳定的支柱产业，各村村级集体经济收入均达5万元以上，其中，20万元以上的有19个；各村文化体育活动场所、综合服务网点、标准化卫生室配备齐全，村级组织健全，17个贫困村驻村工作队全覆盖。

二 大水坑镇

大水坑镇位于盐池县南部，距县城60千米，是盐池县南部最大的一个乡镇。东与陕西省定边县红柳沟镇接壤，南靠麻黄山乡，西邻惠安堡镇，北连青山乡、冯记沟乡。南北长约46千米，东西宽约54千米，总面积1458.5平方千米，耕地30万亩，草原123万亩。境内石油、石膏、砂石等矿产和风能、光能等天然资源丰富。大水坑镇辖15个行政村3个社区居委会，总人口为9612户25161人，其中农村户籍7949户22452人，城镇户籍1663户2709人。全镇有二道沟村、新建村、柳条井村、宋堡子村、向阳村和新泉井村共6个贫困村：其中2015年二道沟村、新建村、柳条井村、宋堡子村4个村实施整村推进，2016年向阳村整村推进，2017年新泉井村整村推进。2014年建档立卡1441户5323人贫困户，经过多次动态调整，现有贫困户1321户4395人，其中已脱贫1274户4289人，下剩47户106人没有实现稳定脱贫，贫困发生率为0.48%。2014年以来，大水坑镇认真贯彻落实中央和区市县各级关于脱贫攻坚工作安排的部署，理清思路、强化责任、增添举措，切实在精准扶贫、精准脱贫上努力下功夫，脱贫攻坚工作扎实稳步推进。

主要指标完成情况

“两不愁、三保障”达标情况：

通过产业培育、引导发展等方式，2017年年底大水坑镇农民人均可支配收入达9299.9元，所有农户均实现了“不愁吃、不愁穿”。扎实开展保学控辍工作，无义务教育阶段辍学生；全镇村级标准卫生室全覆盖，建档立卡贫困户城乡居民基本医疗保险、家庭综合意外保险和大病补充保险参保率达100%；群众住房通过分类改造和易地搬迁，全部得到改造、加固，实现了义务教育、基本医疗、住房安全“三保障”。

“公共服务建设”达标情况：

全镇村组路网实现“全覆盖”，安全饮水普及率达100%、供水水质达标率达100%；宽带信息实现行政村“全覆盖”，通信信号、广播电视实现自然村“全覆盖”，15个行政村村级组织健全且均有稳定的支柱产业，村级集体经济收入均达5万元以上，各村文化体育活动场所、综合服务网点、标准化卫生室齐备。

三　惠安堡镇

惠安堡镇地处盐池县西南部，西与同心、灵武、红寺堡交界，南与甘肃环县接壤，面积1392.8平方千米，平均海拔

1512.3 米，年均降雨量250 毫米，年均气温7.7℃。惠安堡镇历史悠久，文化底蕴深厚，区域发展要素齐全，特色优势明显。全镇有草原100 万亩、耕地26.7 万亩（其中水浇地7.6 万亩），辖1 个街道社区13 个行政村96 个村民小组，总人口5893 户25305 人（其中回族人口506 户2480 人），建档立卡贫困户1280 户4251 人。2017 年，全镇农民人均可支配收入9789.7 元，同比增长12.3%。

近年来，全镇上下坚持以党的十九大和自治区第十二次党代会精神为指导，紧扣脱贫富民“一个目标”，突出危房改造、易地搬迁“两个重点”，完善包村扶贫、推进落实、责任追究“三个机制”，抓好精准识别、分类施策、产业富民、整村推进“四项工作”，精准发力、持续用力、共同努力，扎实推进脱贫攻坚各项工作。通过干部群众共同努力，全镇脱贫攻坚各项任务扎实推进，精准识别、精准帮扶、减贫成效等4 个方面9 项指标全面完成，脱贫户全部达到“两不愁、三保障”，自身发展能力显著提升；贫困村基础设施全面改善，农村面貌发生了深刻变化，顺利通过镇村两级自查自验、县级验收、市级复核和自治区第三方评估考核。

主要指标完成情况

脱贫任务完成情况：

完成贫困村出列8 个，减贫1226 户4128 人，全镇下剩54 户123 人没有实现稳定脱贫，综合贫困发生率为0.68%。

“两不愁、三保障”达标情况：

2017 年年底全镇完成地区生产总值8.5 亿元，农民人均可支配收入9789.7 元，建档立卡贫困户人均可支配收入8145 元，所有贫困群众均实现了“不愁吃、不愁穿”。全县义务教育阶段小学按时入学率达100%，初中按时入学率为100%，建档立卡贫困户基本医疗保险参保率达100%，健康扶贫政策惠及全县所有农户，群众住房全部得到改造、加固，实现了义务教育、基本医疗、住房安全“三保障”。

“公共服务建设”达标情况：

全镇村组路网实现“全覆盖”，安全饮水普及率达100%，供水水质达标率为100%；宽带信息实现行政村“全覆盖”，通信信号、广播电视实现自然村“全覆盖”，13个行政村村级组织健全且均有稳定的支柱产业，各村村级集体经济收入均达5万元以上，各村文化体育活动场所、综合服务网点、标准化卫生室齐备。

四 高沙窝镇

高沙窝镇北临鄂尔多斯大草原，有广袤的天然牧场，适合牛羊养殖。西接灵武，是盐池县距离银川最近的一个乡镇，古王高速公路、307国道横贯全境，交通十分便利。因为离宁东近，随着宝塔工业园区、光伏产业园和高沙窝镇北部工业集中区建设，高沙窝镇正在成为宁东工业基地的服务区和产业承接区。面积873.5平方千米，耕地7.5万亩，林地43.5万亩，草原83万亩，全镇辖9个行政村1个社区，总农业人口3969户11012人。共有贫困村8个，贫困人口1098户2844人，贫困发生率为25.8%，因病、因灾致贫占比达40%以上，是主要的致贫原因。2014年以来，镇党委、政府认真贯彻落实党的十八大、十九大精神和自治区第十二次党代会精神，以及全县各项扶贫工作部署，不断强化责任、创新举措，按照“六个精准”和“五个一批”的总要求，以带领老百姓增收致富为重点，整合资金，凝聚力量，做大做强工业经济、光伏产业、草畜产业、劳务产业，扎实推进“十大工程”，全镇基础设施建设资金2016年投入12600万元，2017年投入4750万元；房屋改造资金2016年投入2125万元，2017年投入4651.5万元；产业扶贫资金2016年投入680万元，2017年投入721万元。对照贫困户“一增收、两不愁、三保障”指标、贫困村基础设施建设标准和贫困县摘帽“三率一度”指标，全镇脱贫摘帽工作实现稳步推进，群众的收入明显提高，基础设施明显改善，精神面貌明显改观，致富信心明显增强，干部作风和干群关系明显转变。

主要指标完成情况

脱贫任务完成情况：

完成贫困村出列8个，识别确定建档立卡贫困户1098户2844人，2014年脱贫159户525人，2015年脱贫60户184人，2016年脱贫664户1744人，2017年脱贫227户524人，未脱贫29户73人。截至2017年年底，全镇剩29户73人没有实现稳定脱贫，贫困发生率为0.66%。

“两不愁、三保障”达标情况：

2017年年底全镇完成地区生产总值6.77亿元，农民人均可支配收入9543.7元，建档立卡贫困户人均可支配收入8145元，所有贫困群众均实现了“不愁吃、不愁穿”。全镇义务教育阶段小学按时入学率达100%，初中按时入学率为100%，建档立卡贫困户基本医疗保险参保率达100%，健康扶贫政策惠及全县所有农户，群众住房全部得到改造、加固，实现了义务教育、基本医疗、住房安全“三保障”。

“公共服务建设”达标情况：

全镇实现行政村通柏油路、自然村通水泥路或砾石路，自来水全部入户，手机信号全覆盖，电信互联网光缆到村到户，村村通卫星接收设备，交通便利，客车方便通达主干道沿线每一个自然村。9个行政村村级组织健全且均有稳定的支柱产业，各村村级集体经济收入均达5万元以上，各村文化体育活动场所、综合服务网点、标准化卫生室齐备。

五　王乐井乡

王乐井乡位于盐池县西部，土地总面积1045.8平方千米，辖13个行政村65个自然村，耕地面积15.7万亩（其中水浇地

1.95 万亩），草原面积 98 万亩（其中围栏草原 45 万亩），造林保存面积 21.5 万亩，退耕还林 6.5 万亩，荒山造林 15 万亩，滩羊年饲养量 45 万只。总人口 8276 户 22357 人（其中农业人口 7527 户 21394 人），其中，建档立卡贫困户 2084 户 5867 人。

主要指标完成情况

脱贫任务完成情况：

完成贫困村出列 13 个，减贫 2025 户 5726 人。截至 2017 年年底，有 59 户 141 人没有实现稳定脱贫，贫困发生率为 0.66%。

“两不愁、三保障”达标情况：

2017 年，地区生产总值 3.26 亿元，农民人均可支配收入 8973.7 元，建档立卡贫困户人均可支配收入 7015.8 元，所有农户实现了“不愁吃、不愁穿”。全乡义务教育阶段小学按时入学率为 100%，初中按时入学率为 98.9%。建档立卡贫困户居民基本医疗保险交纳率达 100%，全体贫困户享受家庭医生签约服务。通过实施“四个一批”危窑危房改造，彻底解决全乡的危房问题，实现所有农户安全住房有保障。贫困群众“三保障”目标实现。

“公共服务建设”达标情况：

2017 年全乡完成巷道硬化 71.28 千米，村组道路建设 40.5 千米，所有行政村通柏油路、所有自然村通水泥路或沙砾路，实现全乡村组道路建设全覆盖。全乡自来水普及率达 98%，常住农户自来水入户率达 100%，供水水质达标率为 100%。所有自然村通信信号、广播电视覆盖率达 100%。所有行政村通客车。同时，还实现了 13 个行政村村级文化服务中心、综合服务网点、经济合作组织、标准卫生室全覆盖，配齐了团结干事的“两委”班子和驻村工作队，保证各村都有支柱产业和村集体经济收入。“五通八有”目标全部实现。

六 青山乡

青山乡位于盐池县中部，东与陕西省定边县接壤，南与大水坑镇相连，西与冯记沟乡毗邻，北与王乐井乡、花马池镇衔接，距离县城34千米，地貌为鄂尔多斯缓坡丘陵区，平均海拔1512.3米。全乡辖8个行政村54个村民小组，土地总面积706.2平方千米（其中耕地17.1万亩，林地34.4万亩，草原38.5万亩），总人口4162户12067人，有贫困村8个，有建档立卡贫困户1153户3704人，2014年贫困发生率为30%，因病、因灾为主要致贫原因。由于青山乡存在水资源缺乏、生态环境脆弱、基础设施薄弱等因素，因此青山乡贫困人口较多、贫困面较大。自2014年全县开展脱贫攻坚工作以来，青山乡严格按照中央、区、市、县的总体安排和决策部署，深入贯彻落实党的十八大、十九大精神和自治区第十二次党代会精神，把脱贫攻坚工作作为当前乃至今后工作的重中之重和压倒一切的头等大事来抓，坚持精准扶贫、精准脱贫基本方略，始终以“六个精准”和“五个一批”为出发点和落脚点，坚持“一村一品、一户一业”的扶贫方针，聚焦“两不愁、三保障”，进一步强化措施，精准发力，落实责任，真抓实扶，大力夯实产业扶贫基础，全面改善农村基础设施条件，不断提升群众生活水平质量，脱贫攻坚工作成效明显。青山乡旺四滩村土地流转产业扶贫、古峰庄村金融扶贫受到了区市领导的充分肯定和推广，2016—2017年扶贫工作连续两年取得全县乡镇第一的好成绩。

主要指标完成情况

脱贫任务完成情况：

全乡8个贫困村全部脱贫出列，2014—2017年共减贫人口1121户3626人。截至2017年年底，全乡下剩32户78人没有实现稳定脱贫，贫困综合发生率为0.64%。

“两不愁、三保障”达标情况：

通过因村因户实施产业扶贫、土地流转、劳务输出、惠民补贴等增收模式，做大做强一批专业合作社和龙头企业等新型经营主体，不断提升脱贫富民辐射带动力和示范引领力，使农民年人均收入不断提高。2017 年，全乡完成社会生产总值 7.6 亿元，农民人均可支配收入 8933 元，每家每户都储存着随时都可以吃的各类肉食品、蛋类品等，都有春夏秋冬可以换穿换洗的四季衣服，全乡所有贫困群众实现了“不愁吃、不愁穿”。全乡义务教育阶段小学、初中入学率均为 100%，无一学生因为贫困而辍学，坚决阻止贫困代际传递。建档立卡贫困户基本医疗保险参保率达 100%，贫困户实现家庭意外保险、大病医疗补充保险和家庭医生签约服务全覆盖目标，健康扶贫政策惠及全乡人民。农村群众住房得到新建、改造、加固等保障措施，实现了全乡义务教育、基本医疗、住房安全“三保障”。

“公共服务建设”达标情况：

全乡实现行政村通柏油路、自然村通混凝土路或砾石路和村组巷道硬化“全覆盖”，安全饮水入户普及率达 100%，供水水质达标率 100%，通宽带信息实现行政村“全覆盖”，手机通信信号、广播电视节目实现自然村“全覆盖”，8 个行政村村级组织机构健全，均有稳定增收的支柱产业和村集体经济收入，村集体经济收入均在 5 万元以上，8 个村文化体育活动场所、综合服务网点、标准化卫生室设施齐全，制度完善，运行正常。

七　冯记沟乡

冯记沟乡地处盐池县中西部，距县城 53 千米，属盐池中部草畜产业带核心区域。全乡总面积 902.3 平方千米，辖 8 个行政村，54 个村民小组，总人口 11190 人，其中农业人口 10284 人。耕地面积 8.7 万亩（水浇地面积 3.2 万亩），草原面积 103 万亩，年滩羊饲养量 40 万只。2017 年年底全乡农民人均可支配收入 9568 元。近年来，冯记沟乡党委、政府坚持以习近平新时代中国特色社会主义思想和党的十八大、十九大精神为指导，认真贯彻落实中央及区市县脱贫攻坚总体部署，坚持把精准扶贫、精准脱贫作为首要政治任务和一号“民生工程”，突出抓好基础设施改善、致富产业培育、金融服务保障和扶贫扶志“四个关键”，精准识别贫困对象，严格落实目标责任，激励引导贫困群众守土增收、离土创业，稳定实现了“一增收、两不愁、三保障”，贫困群众生产生活条件发生根本性转变，满意度大幅度提升，脱贫攻坚取得阶段性成果。

主要指标完成情况

脱贫任务完成情况：

2014 年建档立卡识别之初，冯记沟乡有 6 个贫困村，贫困人口 671 户 2310 人，贫困发生率为 22.4%。截至 2017 年年底，全乡贫困人口 664 户 1806 人，4 年累计减贫 628 户 1729 人，剩余贫困人口 36 户 77 人，现行标准下贫困人口减少 96%，6 个贫困村实现了脱贫销号，全乡贫困发生率降至 0.74%，为实现和全国全区同步建成全面小康目标奠定了坚实基础。

“两不愁、三保障”达标情况：

2017 年年底，全乡建档立卡贫困户人均可支配收入 8500 元，所有贫困群众均实现了“不愁吃、不愁穿”。义务教育阶段按时入学率达 100%，建档立卡贫困户基本医疗保险、家庭综合意外伤害保险、大病补充医疗保险 3 个险种实现全覆盖，健康扶贫政策惠及全乡所有农户，群众住房通过改造、加固，全部达到 B 级以上，实现了义务教育、基本医疗、住房安全“三保障”。

“公共服务建设”达标情况：

全乡村组路网实现“全覆盖”，安全饮水普及率、供水水质达标率均达 100%；实现宽带信息网行政村“全覆盖”，通信信号、广播电视自然村“全覆盖”，8 个行政村村级组织健全且均有稳定的支柱产业，各村村级集体经济收入均达 5 万元以上，各村文化体育活动场所、综合服务网点、标准化卫生室齐备。

八 麻黄山乡

麻黄山乡地处盐池县东南部黄土高原丘陵区，是全县唯一一个纯山区乡镇，地处陕甘宁三省交界，素有“鸡叫一声听三省”之说。乡政府驻地距县城100千米，古代曾称“枸子山”，又因自然生长麻黄得名“麻黄山”。抗日战争、解放战争时期，曾是宁夏工委，盐池县委、政府驻地，辖区现存高崾岘炮楼（抗日战争时期，山城堡战役东线战场，徐海东将军曾在此驻扎）、唐平庄会议旧址（解放宁夏时，宁夏工委在此召开研究解放宁夏的会议，即“唐平庄会议”）、李塬畔县委旧址等革命遗址。全乡地形沟壑纵横，干旱少雨，冬春多风，年均降雨量约300毫米。全乡土地总面积768.7平方千米，辖13个行政村102个自然村（其中，建档立卡贫困村8个，一般村5个），现有人口3923户11057人，建档立卡户1265户3642人，耕地19.4万亩，草原40万亩，林地20万亩，年羊只饲养量约10万只。2014年以来，麻黄山乡认真贯彻落实中央和区、市、县党委、政府决策部署，深入学习贯彻党的十八大、十九大精神和自治区第十二次党代会精神，把脱贫作为底线任务，把富民作为奋斗目标，坚持精准扶贫、精准脱贫基本方略，围绕“六个精准”“五个一批”脱贫攻坚基本要求和主要途径，精心筹划，精准施策，大力实施基础提升、产业扶贫、金融扶贫、健康扶贫等重点工程，群众生产生活条件明显改善，脱贫攻坚工作成效显著。全乡先后荣获省部级奖1项、荣获县级工作先进集体称号10项。

主要指标完成情况

脱贫任务完成情况：

完成贫困村出列8个，减贫1227户3556人。截至2017年年底，全乡剩38户86人没有实现稳定脱贫，贫困发生率为0.77%。

“两不愁、三保障”达标情况：

全乡地区生产总值达1.8亿元，同比增长12%；农民人均可支配收入达8826.7元，同比增长12%。建档立卡贫困户人均可支配收入8300元，所有贫困群众均实现了“不愁吃、不愁穿”。全乡义务教育阶段小学按时入学率达100%，初中按时入学率为100%，建档立卡贫困户基本医疗保险参保率达100%，健康扶贫政策惠及全乡所有农户，群众住房全部得到改造、加固，实现了义务教育、基本医疗、住房安全“三保障”。

“公共服务建设”达标情况：

全乡村组路网实现“全覆盖”，安全饮水普及率达98%，供水水质达标率为100%；宽带信息实现行政村“全覆盖”，通信信号、广播电视实现自然村“全覆盖”，13个行政村村级组织健全且均有稳定的支柱产业，各村村级集体经济收入均达5万元以上，各村文化体育活动场所、综合服务网点、标准化卫生室齐备。

第二节 主要措施

一 把脱贫攻坚作为第一民生工程，统揽经济社会发展全局

坚持在健全完善脱贫责任体系、政策体系、工作体系、监督检查上下功夫，精准施策上出实招，精准落地上见实效。

一是建立脱贫攻坚责任体系。充分发挥县委统揽全局、协调各方的领导作用，按照《自治区脱贫攻坚责任制实施细则》，成立了以县委书记为组长、县长为第一副组长，52个乡镇部门为成员单位的脱贫攻坚领导小组，建立了县委主要领导牵头总抓，县四套班子领导分片包抓、具体负责，县人大、政协联系领导专项督查的工作机制，全面推行“三包五到位”工作法，县乡村逐级签订责任状，层层传导压力、级级压实责任。县委

常委会、政府常务会、县扶贫开发领导小组专项听取脱贫工作，及时研究存在困难和问题，真正构建起了县乡村三级组织抓扶贫、全县动员促攻坚的工作格局。

二是建立精准扶贫政策体系。县委、县政府围绕解决好“扶持谁、谁来扶、怎么扶、如何退”的问题，2014 年以来，先后整合各类资金 72.9 亿元（其中，扶贫专项资金 6.5 亿元，财政投入 18.4 亿元，行业部门扶贫投入 14.1 亿元，社会帮扶 33.9 亿元），投入扶贫领域，制定了“十三五”脱贫攻坚规划、年度脱贫攻坚实施方案和产业扶贫、金融扶贫、健康扶贫等 60 多个政策性文件，对各级各部门精准扶贫责任进行细化量化，切实做到扶持对象、项目安排、资金使用、措施到户、因村派人、脱贫成效“六个精准”。

三是建立聚力攻坚工作体系。充分发动全社会共同参与脱贫攻坚，组织全县 3100 余名干部与贫困群众结对帮扶，选派 37 名优秀年轻干部到乡镇挂职，抽调 222 名区市县优秀干部驻村帮扶（其中第一书记 74 名），闽宁协作、央企（中航油）帮扶、百企帮百村等扎实推进，先后有 5 批 12 名优秀干部到盐池县挂职开展工作，构建了党政主导、部门协作、社会参与的大扶贫格局，全县所有贫困村、贫困户实现了帮扶责任人全覆盖。2014 年以来，各帮扶单位共落实帮扶资金 4139 万元、协调项目资金 3.1 亿元，闽宁协作帮扶投入资金 2844 万元、中航油帮扶资金 1850 万元。

四是建立脱贫监督问责体系。坚持以精准考核和严格问责倒逼脱贫责任全面有效落实，按照自治区《脱贫攻坚督察巡查工作办法》要求，出台了领导干部、帮扶人责任追究办法和驻村工作队、第一书记管理考核办法等 6 项规章制度，建立了脱贫攻坚逐级监督检查、定期报告制度，吴忠市委成立 8 个督查组，对盐池县开展了两轮专项督查，盐池县也成立了扶贫专项督查组和执纪检查组，采取每月通报、定期督查、暗访抽查等方式，开展多轮专项巡回督查，找问题、抓整改、促落实。同时，严格落实财政扶贫资金专款专用，防止“跑冒滴漏”，按照自治区《财政专项扶贫资金管理办法》《扶贫资金使用管理责任追究办法（试行）》的要求，出台了《盐池县统筹整合使用财政涉农资金管理暂行办法》《盐池县扶贫资金三级公开实施方案》等系列涉农扶贫资金管理制度，实现了项目管理规范化、资金管理公开化、项目验收透明化。2014 年以来，先后约谈领导干部 58 人次，诫勉谈话 32 人次，追责问责 33 人，召回不合格驻村第一书记 1 人，调整 22 人，立案查处涉农扶贫领域腐败问题案件 62 件。

二　把精准识别作为脱贫攻坚的首要任务，做到不漏一户不落一人

严格按照国家评定标准识别贫困对象，开展了横向到边、纵向到底的全面摸底排查。

一是严格程序保精准。针对识别标准不统一的问题，盐池县严格按照“两不愁、三保障”标准，结合实际，全面推行“五看十步法”，通过民主评议、综合分析等进行倒排序，精准识别贫困对象，一把尺子量到底，有效杜绝贫困对象“失真”。

二是阳光操作保精准。严格落实“四会议三公示”程序，严把宣传动员、群众评议和公示三个关键环节，采取召开村民小组会、村民代表大会、村“两委”班子会等形式由群众评判，全程阳光操作，确保了建档立卡贫困户识别的科学民主和公平公正。同时，多次开展“回头看”，及时查漏补缺，做到动态管理、有进有出、逐年更新，实现扶贫对象精细化管理，提高了群众知晓率、识别精准率和数据信息录入准确率。

三是严明纪律保精准。坚持把责任压到干部身上，严肃工作纪律，按照“谁识别谁负责、谁填报谁负责、谁包抓谁负责”的要求，采取“五审核十联签”方法，靠实责任，严把关口，

解决建档立卡贫困户评定过程中受家族势力干扰、搞平均主义、偏亲厚友等因素造成的错评漏评情况。

三 把金融扶贫作为脱贫攻坚的主要抓手，切实解决贫困群众发展难题

坚持把金融扶贫作为脱贫攻坚主要抓手，按照自治区《关于进一步加强银行业金融机构助推脱贫攻坚的实施意见》，出台了《盐池县金融扶贫实施方案》，采取诚信支撑、产融结合、风险防控、保险跟进、改革创新“五大举措”，破解了贫困户贷款难、贷款贵等难题，走出了一条“依托金融创新推动产业发展、依靠产业发展带动贫困群众增收”的富民之路。

一是打造诚信体系，解决贫困户贷款难的问题。探索建立了乡村组户“四信”评定系统，按照“1531”的比例，将全县所有农户的信用情况分为4个信用等级，与各金融机构同评定、共应用，实行贷款额度、利率优惠与信用等级挂钩，推行免担保免抵押贷款，有效降低贷款门槛和贷款成本。全县共评出信用乡镇8个、信用村92个、信用组525个、信用户4.8万户，诚信度均达90%以上。利用评定的诚信体系，对60—70岁有发展能力的贫困户进行二次授信，累计发放贷款6000余万元；对“黑名单”贫困户进行分步解决，累计释放“黑名单”贫困户968户，放贷金额达7373万元。在全县8个乡镇设立了14个便民服务网点，102个行政村设立了193个金融便民服务终端，群众足不出户就能适时办理免费转账、清息、缴费等业务。同时，建立县级“智慧扶贫综合管理服务平台”，破解了金融扶贫精准统计难题。

二是推进产融结合，解决可持续发展的问题。一方面，严格落实扶贫小额信贷政策，对贫困户执行3年期10万元以内（5万元以内免担保免抵押）基准利率、财政贴息贷款，贫困群众发展产业资金需求实现了“应贷尽贷”。2017年年底，全县

符合贷款条件的建档立卡贫困户贷款余额达7.55亿元，户均贷款8.8万元，2016—2017年共为建档立卡贫困户贴息2212万元。另一方面，筹集各类风险补偿金8000万元注入各商业银行，撬动银行扩大倍数放贷，累计为新型经营主体、小微企业贷款11.9亿元，解决新型经营主体和小微企业融资难题。全国金融扶贫培训班连续两年在盐池县召开。

三是推行保险扶贫，解决群众脱贫风险大问题。按照“保本、微利”原则，采取“政府+商业保险”方式，建立了“2+X”菜单式扶贫保模式，实行低保费、高保额的特惠政策，解决了贫困群众的后顾之忧。设立1000万元“扶贫保”风险补偿金，建立盈亏互补机制，为群众发展产业保驾护航。截至目前，已赔付各类保险4008万元。

四　把培育特色产业作为脱贫攻坚的根本之策，实现群众可持续稳定增收

按照自治区《关于加快推进产业扶贫的指导意见》确立的“1+4”（优质粮食和现代畜牧、酿酒葡萄、枸杞、瓜菜）农业特色优势产业发展方向，坚持“普惠+特惠”的原则，盐池县出台特色产业扶持政策，大力发展以滩羊为主导，黄花、小杂粮、牧草、中药材为辅助，适合家庭经营小品种为补充的“1+4+X”特色优势产业，不断夯实脱贫攻坚产业基础。

一是主导产业强力带动。充分发挥“中国滩羊之乡”等品牌优势，组建了盐池滩羊产业集团，成立了县乡村三级滩羊协会，对产业链关键环节实行“六统一”，先后在北京、上海、广州等大中城市举办盐池滩羊品牌推介会，盐池滩羊被列入全国商标富农十大典型案例，先后成功入选中国杭州G20峰会、厦门金砖国家领导人会晤、上海合作组织领导人青岛峰会专供食材，“盐池滩羊肉”品牌价值达68亿元，滩羊产业已成为群众脱贫致富的主导产业。2017年，全县滩羊饲养量为311.2万只，

实现产值10.2亿元。同时，盐池县以市场为导向，大力发展黄花、小杂粮、优质牧草和中药材产业，累计种植黄花8.1万亩，年均种植以荞麦为主的绿色小杂粮40万亩，一年生优质牧草10万亩，中药材2.7万亩以上，以滩羊为主的特色产业对农民增收的贡献率达60%以上。

二是适合家庭经营的特色产业遍地开花。坚持因户因人施策，在做好县级“1+4”主导产业的同时，充分发挥乡镇多种经营的主动性，结合当地实际，积极推动发展“一村一品、一户一业”。目前，黑毛猪、滩鸡、香瓜等特色产业发展迅速，已成为贫困群众增收致富新的增长点。

三是扶贫新业态全面铺开。通过采取集中扶持、合作经营等方式，大力发展“光伏+”扶贫模式。目前，已完成74个贫困村村级光伏电站建设，每年可为村集体增收22万元，连续20年。完成分布式光伏2554户，为符合条件的794户建档立卡兜底户安装屋顶光伏，每年每户收益3000元以上。各村从集体收益中每年安排3万元资金，为全县1500余户兜底贫困户每年每户分红2000元，有效地解决了兜底户稳定增收问题。坚持脱贫攻坚与生态保护并重，先后安排1500名有劳动能力的建档立卡贫困人口就地转成生态护林员，年均增收1万元，实现生态补偿脱贫。同时，盐池县还积极探索“旅游+”“电商+”等扶贫新业态，构建多点发力、多业增收的产业扶贫格局，不断拓宽群众增收渠道。

五　把健康扶贫作为脱贫攻坚的基本保障，织牢防病治病的安全网

结合推进医疗卫生体制改革，按照自治区《关于推进健康扶贫若干政策的意见》和《健康扶贫行动计划（2017—2020年）》要求，制定了健康扶贫中长期规划和年度健康扶贫实施方案，积极探索，创新实践，着力解决大病救助保障力度不够、

医疗能力弱、群众健康意识差、就医负担重等难题。

一是大力实施健康保障工程。成立了县级卫生发展基金，建立了“四报销四救助”体系，确保贫困群众年度门诊个人医疗费用支出不超过15%，住院个人医疗费用支出不超过10%，年度累计个人支付不超过5000元。

二是大力推进健康服务工程。创新开展“五项补助措施”，为8112名因病致贫人员、慢性病患者进行了免费体检，为4000多名大病患者落实医疗报销政策，为所有建档立卡贫困群众开展签约服务，全县建档立卡贫困户基本医疗保险参保率达100%。全面实行“先住院后付费”，基本医保、大病保险、大病补充保险、民政医疗救助等政策在县内各医疗机构实现“一站式”结算，确保医疗报销救助无缝隙、全覆盖。

三是大力开展健康促进工程。成立了健康促进委员会，建立了健康促进工作网络，全面开展“健康盐池大讲堂”等活动，倡导健康文明的生活方式，不断巩固健康促进县成果，提高全民健康素养和防病治病意识。

六　把加强基本公共服务作为脱贫攻坚的重要支撑，不断加大民生保障力度

坚持从破解水电路房等基础设施瓶颈入手，统筹推进农村供水、道路、危房危窑改造等基础设施和公共服务建设，全力打通服务群众“最后一公里”。

一是实施基础改善工程。突出抓好偏远山区村组路网辐射，按照“常住户50户以上的村庄通水泥路或柏油路、20户以上的村庄巷道通水泥路，常住户低于20户的通砾石路”的要求，2014年以来，全县总计建成村组道路3230千米，改造村庄巷道1458千米。紧盯边远山村、边界村群众吃水难问题，实施了南部山区人饮管线改造提升工程，新增自来水入户8782户，自来水入户率达99.7%，农村常住户全部喝上了放心水。

二是实施危房危窑改造工程。按照自治区《关于调整农村危窑危房改造补助对象分类和提高补助标准的通知》精神，以农户自筹为主，政府补助、政策扶持和社会参与等为抓手，通过“十个一批”措施，3 年累计完成农村危房危窑改造 6991 户，结合县情实际，制定出台了《盐池县“十三五”易地扶贫搬迁项目实施方案》，完成易地扶贫搬迁 519 户 1602 人，切实解决了农村危房危窑户和无房户住房保障问题。

三是提升公共服务水平。扎实推进贫困村综合文化服务中心建设，新建 102 个村级文化服务中心，村卫生室全部达到标准化，配套建设文化广场 115 个；通过增加电信基塔密度，实施 4G 网络覆盖工程、有线网络和卫星接收户户通工程，实现了全县所有行政村宽带网络全覆盖，所有自然村通信信号全覆盖，广播电视覆盖率达 100%；采取“客运公司 + 公交公司”运行模式，实现了所有行政村通客车。实施美丽村庄、环境卫生整治等重点工程，新建、改建美丽村庄 47 个，通过“社会化参与、市场化运作”的方式，将县内农村环卫保洁全部发包，农村环境卫生显著改善。目前，全县所有贫困村基础设施均达到了国家脱贫出列标准。

四是实行兜底保障工程。将全县 5664 名无劳动能力的建档立卡贫困户全部纳入农村低保范围，全面实行“两线合一”，逐年提高低保金发放标准，实现了“应保尽保、应救尽救”。同时，因村因户采取资产收益分红、土地流转、分布式光伏电站收益等方式增加兜底贫困户收入。

七　把扶贫同扶志扶智相结合，不断激发群众的内生动力

坚持精神脱贫与物质脱贫并重，走教育引导提升素质的脱贫路子，激发贫困群众自力更生、自主脱贫的内生动力。

一是立足扶贫先扶志，破除精神贫困。深入开展“育人塑魂”工程、“诚信盐池”建设，采取党员“1 + 1”、干部帮扶等

多种形式，帮助群众树立想富、敢富、能富的心气劲。深入开展“三先开路话脱贫”等主题巡回演讲活动，引导脱贫典型现身说法，教育群众听党话、感党恩，鼓励贫困群众依靠自己的双手苦干实干、勤劳致富。

二是立足治穷先治愚，提高致富能力。全面落实建档立卡户和农村家庭经济困难残疾儿童“一免一补”、义务教育“三免一补”、高中阶段国家助学金、助学贷款等教育精准扶贫政策，近两年累计资助贫困学生8.2万人次8299万元，全县九年义务教育阶段实现“零辍学”。不断强化劳动力转移中长期培训，建立职业教育与企业定向合作机制，实施“菜单式”培训，逐步形成了基础教育、职业教育、技能培训、教育引导“四位一体”教育格局，累计完成建档立卡贫困户培训16077人，实现有条件的贫困户每人掌握1—2门实用技术，贫困群众的综合素质不断提高。

三是立足脱贫先脱旧，树立文明新风。深入开展“三破三立”大讨论、“移风易俗、弘扬新风”等活动，树立新思路、新作风。突出正向激励，坚持早干早支持，多干多支持，大干大支持，重奖农村致富带头人，对率先脱贫的典型户予以表彰奖励，激励贫困群众大干快富、光荣脱贫。

八　把夯实农村基层党组织作为脱贫攻坚的基础工程，抓好基层党建促脱贫

牢固树立“围绕扶贫抓党建、抓好党建促脱贫”理念，结合“两学一做”学习教育，扎实开展“三大三强”行动、“两个带头人”工程，选优配强支部班子，不断增强服务能力，把基层党组织建设成为带领群众脱贫致富的坚强战斗堡垒。

一是建强脱贫攻坚“桥头堡”。大力推行“党建+”组织设置模式，健全完善以党组织为核心，以产业基地、合作组织等为支撑的“一核多元”精准扶贫组织体系，把党支部、党小组

建在扶贫链上、产业链上，促进金融链、产业链和支部链深度融合，互融互促，同频共振。深入实施创建基层服务型党组织“五百工程”，按照“一支部一特色”，打造18个村级党建示范点，集中整顿转化33个软弱涣散基层党组织。

二是配强脱贫攻坚“领头雁”。注重从技术带头人、协会负责人、脱贫领路人中选拔村“两委”班子成员，将村“两委”班子打造成一支“不走的扶贫工作队”，3年来共选拔44名“三型”村党组织书记、137名农村致富带头人进入村“两委”班子，先后调整不胜任村支部书记8人。

三是锻造脱贫攻坚“先锋队”。深入开展“六查六看六树”“四个合格”专题讨论，大力实施“党员大轮训”计划，分类型举办农村党员示范培训班，教育引导广大党员干部在脱贫攻坚中当先锋、作贡献。结合农村党员承诺践诺活动，设立200万元“红色基金”，组成“一加一、一带一、一帮一”致富联合体，引导广大党员干部争做致富带富帮扶先锋，形成了党员带群众、先富带后富、携手奔小康的生动局面。

第二章　金融扶贫：开启脱贫富民的“金钥匙”

盐池县是国家级贫困县，贫困程度深、面积大，贫困群众对发展产业的意愿很高，但是缺少发展本钱，到银行贷款也受自身条件限制，无人担保、无物抵押。自2006年互助资金项目在盐池县设立试点以来，盐池县积极开展互助资金信贷，暂时满足了群众小额资金的需求。但随着盐池县以滩羊为主导的特色优势产业的不断发展壮大，群众扩大再生产发展资金需求不断增大，扶贫小额信贷远远满足不了群众的发展需求。盐池在解决了贫困群众贷款难、贷款不方便等问题后，发现贫困群众还存在贷款贵的问题，对产业发展的初级阶段来说极为不利，为了减轻贫困群众发展负担，提升群众发展产业的积极性，需要降低贷款成本，解决贷款贵的难题。

第一节　完善诚信体系，创新担保模式

一　“互助资金”结合“千村信贷”撬动发展资金

2006年，国务院在全国14个省区的140个行政村开展了村级互助资金试点，宁夏是其中一个试点省区，但这个民有、民用、民管、民享、周转使用的生产发展资金，没有任何可以借鉴的经验，如何搭上国家金融扶贫快车，让互助金发挥作用，从而带动盐池县脱贫致富，着实是一个考验。盐池县将扶贫

“双到”资金注入互助社，解决了贫困群众贷款无人担保无物抵押难题，破解了因不讲诚信导致金融部门“难贷款”、农民“贷款难”的困局。2012 年盐池农村信用联社与贫困村互助社捆绑推出“千村信贷”，对获得互助资金借款后仍不能满足发展需求的社员，由互助社推荐、农信社给予 1—10 倍的贷款，重点支持贫困户发展盐池滩羊等特色产业。在金融扶贫上形成了独具特色的“盐池模式”：从互助资金打造诚信平台，从创新千村信贷发挥四两拨千斤作用，从资金捆绑把扶贫资金变为发展资金，从评级授信解决贷款难、贷款贵，从政府投入引入社会资本。

案例：王乐井乡金融扶贫带动群众增收

2006 年，曾记畔村被国务院扶贫办确定为“村级发展互助资金”试点村，村“两委”在充分征求群众意见的基础上，确定了“小额投入、产业配套、滚动发展”的运行模式，为此还建立了群众代表参与的互助资金管理机构，制定了完善的互助资金管理运行制度。截至目前，村互助资金总量达 840.5 万元。互助资金对村民发展经济的支持力度逐步增强，截至 2018 年 3 月底，曾记畔村互助资金借款农户 475 户，发放借款 840.5 万元。2014 年，曾记畔村创新“项目捆绑”模式，将“双到”户人均2000 元的扶持资金注入互助社，作为贫困户的入社缴纳互助金，互助社为每户贫困户提供1 万元的借款。通过“千村信贷”“项目捆绑”等金融创新提高了贫困户入社率，解决了贫困户贷款难、贷款贵问题，贫困户依靠产业增收的基础进一步得到夯实。实行信用等级星级管理，“金扶卡”信贷助推金融扶贫上台阶。适应群众发展生产资金需求不断扩大的客观情况，适度扩大互助资金和千村信贷积累形成的信用评分占比，让信用和真金白银挂钩。开展评级授信工作以来，对全村 196 户贫困户予以评级授信。2017 年，全乡大力推进扶贫小额信贷和“脱贫保”，强化互助资金管理，在落实贫困户贷款难、贷款贵、免担保、免抵押等方面加大力度，全面完成13个行政村“评星授级”全覆盖，进一步加强与黄河银行等金融机构的对接协调力度，完成信贷903户9968万元，户均贷款超过11万元，走出了一条“依托金融创新推动产业发展、依靠产业发展带动贫困群众增收”的新路子。

案例：“互助资金”创新金融扶贫模式

互助社是以村为基本单元，村民自愿入股，政府配套资金，村民依靠诚信在互助社内贷款，贷款额度1000—10000元不等，贷款利率是7‰—8‰，而盐池地区在政府的补贴下，贷款利率能降至6.5‰。自2006年互助资金项目试点以来，盐池县严格实行“2242”的管理运行模式（将利息的20%滚入本金、20%作为公益金、40%作为运行成本、20%作为风险准备金）。

案例：金融扶贫资金成为撬动农民脱贫致富的有力杠杆

高沙窝镇在推进脱贫攻坚工作中，不断创新金融扶贫模式，大力推进扶贫小额信贷和“扶贫保”，强化互助资金运行管理，切实解决贫困户贷款难、贷款贵问题。全镇农户实现“扶贫保”缴纳“全覆盖”，扶贫小额信贷完成2957户2.5778亿元，发放小额妇女贷款751万元、互助资金2206万元、“双到”资金342万元，贫困户户均贷款达7万元。

二　全面构建社会信用体系，打造诚信社会

诚信是推进金融扶贫健康发展的基础，盐池县把改善农村金融环境、提高群众诚信意识作为金融扶贫的基础性工程来抓，全力打造诚信环境。

一是创新“631”评级授信系统。建立了建档立卡贫困户评级授信系统，改变原有银行评级授信标准，将建档立卡贫困户的诚信度占比提高到60%，家庭收入30%，基本情况10%。根据评级结果确定授信额度，发放“金扶卡”，A级可贷10万元以上、B级5万—10万元、C级2万—5万元、D级2万元，从根本上解决贫困群众无人担保无物抵押难题。

案例：享受财政全额贴息少支付利息近千元

盐池县通过建立免担保免抵押的“631”评级授信模式，将建档立卡户3年期5万元以内扶贫小额信贷提高到2018年的10万元，全部执行基准利率，对5万元以内贷款全部贴息、财政贴息等扶贫小额信贷政策，有效减轻了贫困群众贷款贵的问题。盐池县王乐井乡村民鲁有胜算了一笔账：以贷款10万元为标准，2017年5万元享受基准利率和财政贴息，另外5万元按年基准利率4.35上浮40%计算，共需支付利息3054元；2018年5万元享受财政全额贴息，另外5万元享受基准利率，全年仅需支付利息2175元，利息比上一年少了近千元。

二是建立四级信用平台。在建档立卡户免担保免抵押的“631”评级授信成功做法的基础上，又建立了乡、村、组、户四级信用评定系统，将60%诚信度细化为10%的精神文明建设和50%诚信度，家庭收入30%和基本情况10%占比不变，即“1531”模式，将全县所有农户的信用情况分为A、A+、AA、AAA 4个信用等级，实行政银社民四位一体共同评定、共同认可、共同应用，信用等级越高，享受贷款优惠越多。

案例：用贷款扩大养殖规模

盐池县王乐井乡村民鲁有胜2016年贷款5万元，购买了60只滩羊，2018年他听说政府对建档立卡户免担保免抵押贷款提高到10万元，非常高兴，立即归还了原来的贷款，又贷了10万元，扩大了养殖规模，滩羊饲养量达150只。他自信地说，现在政府对滩羊的支持力度这么大，滩羊连续两年价格都在涨，我们更有了信心和底气，一定要铆足劲儿搞养殖。

通过建立建档立卡贫困户评级授信机制，提高诚信度占比，群众金融和诚信意识逐步养成。群众的信用道德得到了培育，特别是广大的金融扶贫户积极按时还贷，用自己的行为践行诚信承诺，共同缔造诚实守信的社会风尚，“守信才能发展、失信寸步难行”已成为广大群众的共识。在盐池县形成了“名利双收”的诚信观，并传递一个理念：信用=财富，诚信也为盐池县带来“农民脱贫、产业发展、银行获利”的多赢效应。2016年盐池县仅用1.44亿元互助资金就撬动了信贷资金3.36亿元，受益群众共6.7万人，贫困户受益面达60%。这些用于发展滩羊养殖等特色产业贷款的增收比为1∶1.5；盐池县滩羊饲养量从禁牧前的86万只增长到300万只，滩羊养殖收入占农民纯收入的60%；优质的信贷环境吸引宁夏商业银行、中国建设银行等金融机构纷纷抢滩盐池。

案例：农民拿“信用”换钱

家住盐池县青山乡古峰庄村的村民罗刚在中国农业银行顺利办结了30万元的贷款手续，由于罗刚替自己的贷款联保户汪某偿还了3万元贷款，盐池农行感其诚信，将罗刚的贷款额度从5万元提高到30万元。2009年以来，通过两轮三户联保，罗刚先后贷款34万元，圈里的滩羊从200多只扩大到1200只，6年赚了几十万元。2014年11月24日是罗刚等三户联保第二轮贷款还贷的最后期限，联保户汪某因家庭变故无力偿还3万元贷款，11月22日，罗刚替汪某还了贷款，维护自己和汪某比金子还珍贵的诚信。“这样的客户，今后需要多少，咱们就放贷支持多少！”盐池农行决定给罗刚发放30万元贷款。“30万元能买400只羊，一年出栏三茬，就能赚六七万元，比替人还的3万元贷款多，不吃亏。”憨厚的罗刚这样算账。

三 切实降低企业、农户融资成本

盐池县从全县信用体系建设着手，专门由一名分管副县长总体协调，县精神文明建设指导委员会办公室、扶贫开发领导小组办公室、财政局、中国人民银行和各家金融机构共同参与、共同评定、共同认可、共同应用，建立了乡村组户“四信”评定系统，对所有农户一次性授信，切实解决了金融机构之间贷款授信程序多、手续多、标准不一样的问题，也简化了贷款手续、方便了群众、提高了效率。

案例：富农卡给群众增收

盐池县与金融机构进行协商，有针对性地为群众量身定做“富农贷”金融产品。对获得ABCD评级的贫困户，信用社专门打造了“富农卡”金融信贷产品，实行“一次核定、随用随贷、余额控制、周转使用、利率优惠”政策，即贫困户用时随时支取，利息按季清还；不用时随时归还，不产生利息。2012年4月份村民张国定在农信社通过“千村信贷”贷款8万元，当时签订两年期限，2012年年底把羊卖了凑了8万元，但是贷款没有到期，不能偿还，只好把8万元存入银行，获得银行活期存款利息91元，但给银行支出贷款利息2263元，自从使用“富农卡”，仅此一个季度就节省2172元。该项政策的实施，真正为诚实守信的贫困户解决了贷款贵的问题。

第二节 扩大贫困户评级授信覆盖面

一 打破“60岁以后不能贷款”的硬框框

“养羊好手”中有很大一部分是60—70岁的群众，将贫困户贷款年龄上限放宽到70岁，以及将有劳动能力且发展意愿非常强烈的60岁建档立卡贫困户纳入评级授信范围，这种做法降低了评级授信门槛，有效地解决了贫困户贷款难的问题。

案例：60岁老人贷款不再是梦

冯记沟乡马儿庄村民牛信，在2016年已65岁，是冯记沟乡马儿庄村马儿庄自然村村民，因妻子常年患病，2013年被评为建档立卡贫困户。8年前因给亲戚担保贷款，但对方到期未还贷款，57岁的老牛被列入黑名单，老婆整天嘟囔：“不让你给担保，手一长，狗嚎怨自己！”老牛也闷闷不乐，一想起来就骂亲戚：“把我耍了，可惜我老牛大半辈子的好名誉了。”老牛不是个傻人，脑子比较活，2014年他看到养牛能赚钱，问亲朋好友借了2万元买了两头架子牛搞起了养殖，“我老牛要是养不好牛不让人笑话”，牛信养牛可不是吹的，他还真有两下子，把牛养得膘肥体壮，第二年两头牛净赚5000元。“要是资金宽裕的话我还能多养几头。”“黑名单加上你已经60多岁了，想贷款做梦吧。”盐池县推出的60—65周岁贫困户扶贫小额信贷政策还真的把老牛的梦给圆了，经过行政村、乡政府、扶贫办的推荐，老牛顺利地申请到了5万元的贷款，他高兴地说：“共产党的政策实在是太好了！对咱穷人真是没啥说的，我老牛不脱贫就对不起共产党的这个好政策！”

二　将非恶意“黑名单”建档立卡贫困户纳入评级授信范围

针对因为种种原因被银行列入“黑名单”的部分群众受到银行刚性政策的限制无法贷款的情况，盐池县专门成立工作组，反复与银行进行对接协商，共同对这部分群众进行摸底调查，在充分了解情况的前提下进行评级授信，将“黑名单”贫困户问题分步解决，对没有还清贷款的“黑名单”贫困户，通过政策扶持，发展产业，偿还贷款后，再进行二次授信。

将60—65岁身体健康和非恶意“黑名单”建档立卡贫困户纳入评级授信范围，破解了依靠诚信贷款、免担保免抵押贷款和60周岁以上及非恶意“黑名单”贫困户无法贷款的难题。将有劳动能力且发展意愿非常强烈的60岁以上贫困户和非恶意“黑名单”建档立卡贫困户纳入评级授信范围，这种做法降低了评级授信门槛，有效地解决了贫困户贷款难的问题。目前，盐池县全县共为60岁以上贫困户贷款6004万元，释放“黑名单”贫困户968户，放贷金额达7373万元。2014年以来，全县农业贷款从21亿元增加到35亿元，扶贫小额信贷余额从1.6亿元增加到8亿元，贷款的建档立卡贫困户户均贷款由3.6万元增加到9.2万元。

案例：惠安堡镇金融扶持政策，助力全镇脱贫攻坚

惠安堡镇完成全镇农户四级信用评定工作，为1189户建档立卡户发放贷款8595万元，贴息160余万元，户均贷款7.2万元，贷款覆盖率达91.6%，释放非恶意黑名单建档立卡户164户贷款1054万元，60—65岁贷款难的建档立卡户贷款56户220万元。大坝村刘仲银2016年在政府扶持黄花产业政策的带动下，通过扶贫小额信贷贷款5万元，新栽黄花15亩，2017年黄花收入达3.2万元，人均收入超

过9000元，黄花种植让刘仲银实现脱贫致富；杏树梁村的张德国，在村干部及帮扶部门的帮助下，获得扶贫小额信贷3万元，养殖滩羊50只，种植小杂粮100余亩，家庭收入稳定越过脱贫标准。

第三章　创新产融结合，解决群众可持续发展的问题

第一节　坚持政府引导，夯实产业发展基础

一　以产业扶贫为核心实现农业增产、农民增收的目标

盐池县围绕打赢脱贫攻坚战的总体安排部署，坚持“一特三高”现代农业发展路子，以结构调整为动力，大力扶持特色优势产业，扎实推进滩羊、牧草、小杂粮、黄花、中药材“1+4+X”特色产业提质增效。盐池县委、政府坚持问题导向原则，每年年初召集相关部门、企业、协会以及种植养殖户代表深入研究分析产业发展中存在的问题和短板，有针对性地研究出台《盐池县滩羊（牧草、黄花、小杂粮、中药材）产业发展实施方案》等相关政策文件，整合捆绑各级财政、各类项目、金融贷款等扶贫资金12亿元以上，其中协调各金融机构支持特色产业信贷资金10亿元以上，各级财政产业扶贫专项资金1亿元左右，强农惠农转移性补贴资金1亿元左右，按照“普惠+特惠”的原则，对全县所有农户实行县级主导产业政策全覆盖，对建档立卡贫困户实行所有产业政策全覆盖，推动以滩羊为主导，以牧草、小杂粮、黄花、中药材为支柱，适合家庭经营的小品种为补充的“1+4+X”特色优势产业做大做强。

案例：坚持把产业扶贫作为精准扶贫的主攻方向和着力点

大水坑镇瞄准产业发力，聚力精准脱贫。大水坑镇以脱贫富民工作为中心任务，不断提升产业发展水平，稳定提高经济收入，为实现脱贫富民目标提供坚实保障。抓产业发展，促脱贫攻坚。继续调整种植业生产经营结构，形成规模化、产业化、集约化经营模式。宣传农村土地“三权分置”理念并抓好实施，整合土地、机械、科技等优势资源，组建2—3个农村专业生产合作社，逐步走农业规模化生产经营的发展路子。助推二道沟、摆宴井小杂粮加工厂及新泉井、东风饲草料发挥作用。提升滩羊养殖效益，依托现有牧草资源，按照“公司＋合作社＋农户”的生产经营模式，确保滩羊养殖真正成为群众增收致富的产业项目。引进盐池县溯源滩羊产业科技发展有限公司和奋林家畜产品交易中心，打造“互联网＋”的模式，有效解决滩羊产销问题；成立滩羊产业发展协会实现各村全覆盖，带动滩羊养殖发展，统一协调规模化养殖、出售，提供价格保障。

（一）做强滩羊产业

坚持把滩羊作为全县特色农业头号富民产业，从滩羊产业发展标准化生产、质量追溯、品牌宣传、市场营销四个体系等关键环节进行扶持，培育扶持鑫海等龙头企业18家，发展滩羊养殖合作社等新型经营主体近500家，建设滩羊养殖棚圈3.3万座，滩羊规模养殖基地326个，滩羊养殖主体呈现“企业＋协会＋规模养殖园区（场）＋养殖户”的结构组成，辐射带动农户1.98万户，规模化养殖比例60%。建成畜产品定点屠宰批发市场2个，城乡活羊交易市场7个，滩羊肉销售以区内为主

（占70%），区外为辅（占30%），“盐池滩羊肉”品牌价值达68亿元。2017年，全县滩羊饲养量311.2万只，出栏180万只，实现产值10.2亿元。

案例：王乐井乡念好“养羊经”，滩羊养殖促致富脱真贫

王乐井乡按照盐池县“1+4+X”产业发展思路，充分发挥滩羊协会作用，加大补栏力度，发展壮大滩羊产业。更加注重以滩羊产业为主导的富民产业培育，大力扶持培育专业合作社、种养大户等新型农业经营体系，加快现代农业发展。一是在谋划滩羊产业发展上，准确定位，发挥“三个优势”。发挥自然资源优势，牛记圈行政村土地面积24平方千米，草原面积2.3万亩，优质牧草种植面积3600亩，且地下咸水资源丰富，可以说地广草多水咸，“吃的是中草药、喝的是矿泉水”，适应盐池滩羊生长繁育。发挥区位交通优势，307国道从村东西横穿而过，古王公路从村南直通而下，东连盐池县城，西接高沙窝镇，南通王乐井乡，车程距周边市场20千米以内，形成了一个“半小时经济圈”，交通便利，物流畅通。发挥传统养羊技能优势，刘相庄自然村农户历史上祖辈以养羊为业，是典型的“羊把式”、放牧高手。现村民从先辈手中传承养羊经验，普遍具有较高的养羊技能，饲养的基础母羊膘肥体壮、繁育功能较强，一年产两羔、两年产三羔的现象较多。二是在引领滩羊产业发展上，全力推进，实现“三个转变”。走标准化规模养殖之路，实现了由单一分散饲养向园区集中饲养的转变。打破过去一家一户分散饲养方式，引羊入园区集中饲养，扩大了养殖规模，增加了经济效益。目前全村成立了滩羊协会和一家滩羊养殖合作社，培育养殖大户29户，建成标准化养殖暖棚115座。2017年，全村滩羊饲养量达

18000只，其中：存栏羊8000只，出栏10000只。年市场交易额达800万以上，年创收达240万元以上，形成了园区养殖为主、分散养殖为辅的格局。2017年农民人均纯收入8951元，农民人均纯收入80%来源于养羊收入，滩羊产业已成为农户脱贫增收的主导产业。在产业政策方面从养殖暖棚、牧草种植、饲草配送、养殖示范村和示范场培育给予支持补贴。在金融政策方面给予贴息，2017年全村建档立卡贫困户贷款额达344万元，财政贴息9.1万元。村互助资金发放借款52万元。在保险政策方面，从基础母羊、种公羊养殖保险、滩羊肉价格指数保险给予支持补贴。走能人带动之路，实现了由单打独斗向抱团发展的转变。村“两委”班子围绕打造“一村一品”草畜产业示范村发展目标，把发展滩羊产业作为脱贫致富的主导产业来抓，按照“兴产业、求发展、带民富”的工作思路，带着群众干，做给群众看，在刘相庄自然村探索出了“支部+协会+养殖园区+党员+农户”的“5+”模式，实现了群众增收致富。为增加无产业贫困户收入，驻村工作队与村“两委”班子引资8万元，按照“集体入股、合作经营、收益入村、农户增收”的方式，实行注资入股盛博种养殖专业合作社，通过年集体收益9600元，为15户贫困户户均补助500元。走创新求变之路，实现了由传统养殖经营方式向科学养殖市场经营方式的转变。在饲养方式上运用科学饲养、集中快速育肥等新技术，改变了过去单一传统的饲养方式。聘请养殖农牧专家、教授进村入户，现场实地讲解养殖技术。通过滩羊养殖协会对养殖大户进行养殖技能培训，提高了农户的养殖技能和水平。在经营方式上紧盯市场，充分发挥“盐池滩羊”驰名商标的品牌效应，提高产品附加值。积极开拓市场，扩大养殖销售，通过滩羊协会与鑫海、宗源、瑞牧等羊肉深加工企业对接进行屠宰加工销售，使盐池滩羊走出宁夏，卖向全国。加大盐池滩羊地理标志商标保护力度，从源头上保证盐池滩羊的品质纯正，在全村普遍形成了“打好滩羊牌、全村发羊财”的共识。在发展理念上树立绿色发展理念，杜绝偷牧，加大禁牧，优化生态，营造绿色草原，为打造美丽乡村、实施乡村振兴战略奠定基础。

（二）做大黄花产业

始终把黄花作为带动群众脱贫致富、加快种植结构调整的特色优势产业来抓，先后出台了黄花种植、晒场建设、托盘购置、生产加工、市场开拓等方面的扶贫政策，制定了全区唯一的《宁夏露地黄花生产技术规程》《黄花制干技术规程》等生产标准规范，并指导农户实行全程绿色标准化种植，着力打造有机、富硒、高端特色农产品。在全区率先成立了宁夏黄花菜研究院，培育扶持黄花新型经营主体33家，注册黄花商标10个，累计种植黄花达8.1万亩，年产黄花鲜菜1.8万吨，实现产值1.5亿元。种植户户均纯收入达2万余元，效益十分可观。

（三）做优小杂粮产业

依托“中国荞麦之乡”的品牌优势，加大对小杂粮规范化种植、社会化服务以及产品加工营销等环节扶持力度，着力打造盐池无公害、绿色小杂粮品牌。近年来，在南部绿色小杂粮产业带，种植以荞麦为主的绿色小杂粮40.6万亩，培育扶持了“对了”“山野香”“山逗子”等小杂粮加工企业10余家，年加工生产各类杂粮达1.2万吨，远销北京、上海、天津等地，部分产品出口日本、韩国和中国香港等东南亚国家和地区。

（四）做实牧草产业

盐池县高度重视草畜平衡发展，全县年种植一年生优质牧草10万亩以上，制作青（黄）贮、野草打储、柠条包膜青（黄）贮等15万吨，对新建“三贮一化”池以及制作玉米、小杂粮等农作物秸秆青（黄）贮和饲草料加工配送合作社（专业户）贷款利息等给予补助，从整体上解决禁牧封育后饲草料短缺的问题，确保畜牧业稳步发展和禁牧工作的顺利开展。2017年全县农民人均可支配收入为9548元（其中50%以上来自特色产业），建档立卡贫困户人均可支配收入为8145元。

案例："1+4+X"解决扶贫手段单一的问题

惠安堡镇依托"1+4+X"主导产业扶持政策，建成利用养殖温棚2000余座，年均存栏滩羊30万只、出栏20万只以上，贫困户户均养殖滩羊30只，年均增收3000元以上。发动群众种植黄花2.5万亩，贫困户户均种植黄花3亩以上、人均增收1500元以上。同时，发动群众年均种植苜蓿、苏丹草等优质牧草10万亩以上，种植荞麦、冬小麦等小杂粮10万亩左右，生猪、滩鸡饲养量稳定在3000头和3万只左右，贫困户户均从种养业中增收2000元左右。

高沙窝镇全面落实"1+4+X"产业扶持政策，扶持壮大滩羊产业，做大做强乡镇多种经营产业，大力推进产业结构调整，在旱作区大力推广优质牧草、小杂粮和红葱种植，采取"以秋补夏"的模式鼓励农户种植羊羔草、蔓菁等生长周期短的农作物。2016—2017年，全镇支持农户产业发展补贴资金达1401万元，共种植小杂粮23280亩、苏丹草19740亩、油料6600亩、红葱8000亩、黄花275亩，春秋覆膜10630亩。联系县农业技术推广中心对西红柿品种进行升级调整，发展西红柿日光温室种植77个。采取"示范带动，点面结合"等措施，相继建成施记圈、长流墩千亩黄芪、千亩板蓝根种植基地，二步坑千亩白蒺藜和施记圈百亩钙果等特色种植基地。

王乐井乡按照"一村一品"原则，大力培育"1+4+X"特色产业，13个行政村均有稳定的支柱产业。围绕全乡6万亩扬黄灌区和节水灌区，巩固完善“两个万亩”小杂粮种植基地（以鸦儿沟为中心的万亩旱作马铃薯种植基地，以曾记畔为中心的万亩苦荞麦种植基地），精心打造五大农业示范区（平阳沟千亩辣根、高粱种植示范区；以郑家堡为核心的优质牧草种植示范区；王吾岔中药材种植示范区；盐兴公路两侧十里瓜廊拱棚建设示范区，完成丁记井、郭记洼大拱棚建设210座，种植西甜瓜130亩，亩收入达8000元；鸦儿沟旱作中药材种植示范区，共种植白蒺藜、黄芪等中药材7186.8亩）。

青山乡坚持“一村一品”和“一户一业”的产业思路和“脱贫抓产业、产业抓覆盖、覆盖抓达标、达标抓效益”的工作思路，大力推行“1+4+X”产业扶贫模式，对全乡8个行政村54个自然村有针对性地确立主导产业，从项目、资金、技术服务和优惠政策等方面入手，通过发展产业、财政补助、贷款贴息、技术推广等模式，将项目及时落实到户、到人、到点。一是特色产业发展强劲。依托“盐池滩羊”和小杂粮的品牌知名度，重点扶持以滩羊、小杂粮、中药材、优质牧草等为主的特色种养业，采取“企业+农户”“合作社+农户”“协会+农户”等发展模式，2017年年底，全乡滩羊饲养量达39.5万只，生猪饲养量达1.5万头，种植黄花360.7亩、小杂粮4.5万亩、中药材0.6万亩、优质牧草0.85万亩。

冯记沟乡按照“普惠项目扩面提标、自主项目精准施策”的原则，大力实施“1+4”主导产业和乡镇自主经营产业扶贫项目。目前，全乡滩羊饲养量稳定在40万只，饲养滩鸡4.5万只、生猪1600头、肉牛200头，小杂粮、一年生优质牧草种植面积稳定在4.5万亩，2017年争取项目资金1300万元，完成高标准农田改造1.3万亩，农业发展基础更加稳固。新兴产业稳步发展。针对部分贫困群众致富产业单一的问题，依托村级互助资金对105户贫困户实施资本收益入股分红，年均稳定增收2400元。采取“中民投”担保贷款、群众长期受益的方式，共为205户贫困群众安装屋顶光伏（117户）或实施光伏分红（88户），户均年增收2000元以上。此外，通过购买公益岗（18名）、聘任村级卫生保洁员（49名）、生态护林员（61名）等办法，帮助128名贫困群众实现稳定务工增收。

麻黄山乡大力发展“1+4+X”县级主导产业和乡镇多种自主经营项目，制定出台了《麻黄山乡多种经营项目实施方案》，积极扶持发展麻黄山羊、大接杏、生态鸡、黑毛猪特色优势产业，并对未享受产业补助的外出务工者给予务工创业奖励，实现扶贫政策补助全覆盖。2017年，全乡共种植小杂粮9.5万亩、优质牧草1.8万亩，栽植大接杏2200亩，养殖生态鸡2.4万只、黑毛猪3100余头、麻黄山羊9.7万只，新建圈舍330余座，发放县级主导产业补贴资金265.3万元，乡镇多种经营产业补贴资金230万元，外出务工补贴280万元，生产发展条件得到巩固，脱贫攻坚工作成效明显。

二　强化科技支撑，助推产业转型升级

强化农业科技服务体系建设，突出示范引领，强化科技支撑，加大优新技术推广应用，巩固提升产业扶贫示范村8个、龙头企业7家、合作社40家，培养致富带头人320个，通过企业、专业村、合作社以及致富带头人示范引领、专家服务团现场指导、益农信息服务平台等多种方式，从完善利益联结、技术指导培训、信息互联互通等方面推进龙头企业、专家教授和种植农户互动交流的多元化、多形式农业推广服务体系，全面提升农业技术推广服务能力。加大农业科技帮扶力度，积极协调组织区、市、县农业技术人员，采取集中培训、现场指导、

入户讲解、电话咨询等办法，每年通过入户指导、技术培训等方式有效解决群众养殖发展中实际困难3000余（场）次，加大对滩羊标准化养殖技术，羔羊早期断奶技术，饲草料科学调制技术，黄花标准化栽培技术，荞麦大垄双行种植技术，甘草、苦豆子种子包衣技术，药剂拌种技术等实用技术的培训，切实为全县74个贫困村的脱贫户11203户、32998人发展产业提供技术支撑。

案例：电商经济助推农村原生态产业转型升级

盐池县王乐井村电子商务服务中心，是盐池县第一家村级电子商务服务中心旗舰店，承担着村里的政务服务基础政务和电子商务双向流通购销职能。旗舰店占地120平方米，开设了7个特色功能服务区，并在4个村民小组新建了电子商务联络点，培训专兼职电商人才10名，带动60多名电商推广员参与。具有地方特色的商标“宁盐放羊娃”强势入驻阿里巴巴、微店、有赞微商城等网购平台，开发农特产品系列网店11家，在电商服务中心设立京东商城、海尔商城“O2O”线下体验区，展示农副产品、发布购销信息。充分发挥电商在连接农户、企业和市场方面的媒介作用，通过互联网、大数据精准营销，增强了客户“黏性”，实现了线上线下的融合互动发展，让村民不出村、不出户就能享受便捷的电商服务。通过2年多的运营，旗舰店已成为王乐井村“星期四集市”，是老百姓最爱逛的地方。王乐井村还培育优质原生态基础产业，转型升级农特产品。以健康环保、原生态为主题，将扶贫与创新、绿色环保相结合，运用旅游、农特产品、餐饮“三驾电商马车”，提升农特产品的规模化、产业化、科技化、品牌化。以“资金入股，公司运营，利益分成，风险共担，抱团发展，做大做强”为发展原则，打造“互联网+旅游+民宿+合作社+农户”村集体经济电商绿色原生态循环模式，帮助群众利用自家的原生态农特产品和电商小作坊产业园增收。年受益农户达500多户，年销售产量可达1000万元，可带动120名贫困户实现就业，户均增收2000元。

案例：发挥生态建设效益，助推脱贫攻坚新渠道

花马池镇抢抓全域旅游发展机遇，以长城旅游观光带、花马湖、曹泥洼民俗村等景点为支撑，大力发展观光种植、农家乐等旅游产业。培育以曹泥洼民俗村为主的“一户一品”特色农家乐30家，建成了南苑新村集采摘、观光、休闲为一体的高标准日光温室10个，配合完成盐池滩羊美食文化旅游节、社群精英大漠长城国际徒步挑战赛等重大赛事。全年接待游客2.3万人次，旅游收入达300万元以上，带动周边建档立卡贫困户年增收4000元左右。

大水坑镇实施草原封育补播项目以恢复生态，年封育面积5万余亩，补播面积3万余亩。打造马坊村“一点沙”农村生态旅游区，发展乡村体验游、休闲旅游项目，吸引带动周边贫困户创业、就业。新增镇北防护林366亩，栽种榆树、乔木37666株，补造天然保护林8748亩、天保林补植补造25.8万亩，荒山造林补植12900亩，挖鱼鳞坑0.92万亩，夏播柠条0.46万亩。

高沙窝镇是盐池县的重要牧区，生态建设与产业发展息息相关。近年来，由于退耕还林、封山禁牧政策的有效实施，生态建设得到极大恢复。高沙窝镇党委、政府牢固树立抓生态就是抓生存、抓生态就是抓发展的理念，采取工程措施与生物措施相结合、人工修复与自然恢复相结合的办法，分类规划，综合施策，建成4个万亩治沙示范园。完成荒山造林20万亩，人工种草10万亩。2013年高沙窝镇被评为全国生态乡镇。

三 突出龙头带动，打造产业链解决农户过于分散的问题

盐池县虽有“中国滩羊之乡”“甘草之乡”和“荞麦之乡”之称，但因农户过于分散且单个农户不具备参与现代市场经济所必需的资信保障和行为能力，导致该县农村产业体系一直无法形成规模效应、集聚效应和空间溢出效应，无法充分发挥滩羊、甘草和荞麦等特色优势产业的品牌效应、带动效应，严重制约了该县产业脱贫政策的实施。盐池县按照“产业＋金融＋集团”“企业＋贫困户＋基地”“企业＋贫困户＋合作社”的支部推动型等多种产业扶贫模式，积极培育扶持产业联合体和新型经营主体，上联市场企业、下联基地农户，将千家万户连接起来，进行技术统一指导、病虫害统防统治、生产资料统一供应、产品统一销售，提升特色优势产业发展的组织化、产业化程度，增强抵御市场风险的能力。以盐池滩羊产业发展集团和县乡村三级滩羊协会为平台，在将贫困户纳入产业链、供应链和价值链的同时，实行统一品种、统一技术、统一收购、统一品牌、统一饲料、统一销售，标准化养殖“六统一”标准，提高组织化程度，牢牢掌控滩羊肉价格话语权，为盐池县滩羊肉打入高端市场奠定了坚实基础。集团公司成立以来，与农户签订收购合同，以稳定的价格收购滩羊，逐步提高主导产业的规模效应，确保了养殖户的利益。

案例：盐池滩羊集团公司

盐池县针对滩羊优质不能优价的问题，2017 年 7 月份成立盐池滩羊集团公司，建立县、乡、村“三级”产业协会，以集团公司为引领，集团公司与全县 103 家县乡村协会及鑫海等关联企业建立产业联合体，形成利益联结机制，实行“县统乡、乡统村、村统组、组统户”统一出口的滩羊养殖营销模式，成立盐池滩羊肉展示交易中心，积极推

进滩羊产业链融合发展，牢牢掌握滩羊肉价格话语权，滩羊作为该县脱贫攻坚主导产业逐步走上了规模化、标准化、集约化和高端化的发展道路。

案例：创新企业引领发展模式，带动农民脱贫致富

陈纪元是猫头梁村第一个回乡创业的村民。2015 年，陈纪元看到家乡的生态环境越来越好，便返乡成立了公司，流转当地农户土地，以“公司+合作社+农户”为发展模式，以“公司开发运行，农户科学种养”的形式来带动合作社及农户大力发展集牧草种植、特色采摘、特色种养、旅游垂钓于一体的综合性生态农业园区。2015 年盐池县绿林生态旅游综合开发有限公司以土地流转方式在二道湖自然村开展设施农业建设，该公司经理陈纪元是二道湖返乡创业村民，公司以“主动承担社会责任，努力助推脱贫攻坚”为宗旨，结合猫头梁村党支部推出的“党支部+公司+党员+农户”发展模式（以党支部引领，公司带动，党员示范，农户参与的模式，实现先富带后富，共同富裕的目标），严格按照“统一建设、统一耕种、统一服务、统一投入、统一管理、统一销售、统一核算”的“七统一”管理机制，带动农户种植“绿色、环保、可追溯”的农副产品，大力发展集特色采摘、生态休闲、旅游垂钓为一体的生态农业。2015—2016 年，采取以土地流转和劳务输出方式发展，2018 年采取土地流转和农户四六分红方式发展，实现企农共赢、企地共建、共同发展脱贫致富目标。现在，大力做好沙泉湾生态区和经果林采摘区，大力发展集特色采摘、生态休闲、旅游垂钓为一体的生态农业。

案例：花马池镇大力推行“公司+基地（合作社）+贫困户”模式

花马池镇围绕“龙头带动、基地推动、参与管理、入股分红”等形式，扶持壮大以滩羊产业为主导，黄花、小

杂粮、牧草、中药材为辅助，土猪、红葱、小拱棚为补充的“1+4+X”多种特色优势产业，形成了北生态、中井灌、西扬黄节水和环县城四大片区。全力推进滩羊提质增效，黄花、牧草、小杂粮、中药材扩面增效，大田蔬菜、拱棚、生猪等多种经营提标扩量，实现粮经饲统筹、种养加一体化发展。全年种植小杂粮9.4万亩，中药材1.8万亩，优质牧草4.12万亩；新建滩羊养殖暖棚350座、生猪暖棚276座，滩羊饲养量达72万只，生猪饲养量达5.5万头，肉牛、奶牛存栏2818头。

案例：高沙窝镇依托重点企业实现脱贫富民

脱贫致富完全靠政府帮助、社会投入的“输血”并不能从根子上解决问题，应强化“造血”功能。高沙窝镇立足交通区位、两个园区和一个光伏新能源示范区等优势，加强与中国民生投资集团、晶澳等大型新能源企业合作，充分发挥宁夏黄河汇通石化有限公司60万吨/年重油综合项目、中海外瑞丰新能源（宁夏）有限责任公司30万吨/年煤焦油加氢项目等大型项目的示范带动作用，60余家入园企业每年带动老百姓劳务创收2000余万元。还有从高沙窝镇走出的民营企业家创建的宝丰集团，带动了一大批高沙窝人在企业务工或从事能源运输等工作。

四 因户因人施策

盐池县在做好“1+4”主导产业、支柱产业的同时，积极推动发展“一村一品”“一户一业”，鼓励群众结合当地实际，根据自身情况实行多元化经营，做到宜种则种、宜养则养、宜林则林，逐步形成贫困群众增收致富新的增长点。通过集中扶持、合作经营等方式，大力发展“光伏+”扶贫、生态补偿脱贫等新模式、新业态，逐步构建起多点发力、多业增收的“1+4+X”特色产业扶贫新格局，不断拓宽群众增收渠道，有效解决兜底户稳定增收问题。2017年全年实现农业总产值15.4亿元，同比增长10%；特色产业产值12.3亿元，同比增长7.5%；农业增加值7.2亿元，同比增长7.4%。

案例：青山乡通过因地制宜的小品种产业实现稳定增收致富

青山乡积极发展以生猪、肉牛和大拱棚为主的乡镇多种经营产业，及时成立青山乡百万欣种植合作社，累计发展种植西甜瓜大拱棚435座，打造“青山欣”西甜瓜品牌，实现年增收500多万元的目标。目前，青山的香瓜、特色采摘、生态旅游产业发展迅速，已成为贫困群众增收致富新的增长极。

案例：麻黄山乡全力实施多种产业扶贫基础工程

麻黄山乡结合党建及扶贫工作实际，以行政村为单元，逐个摸底调研，分别制定发展方案，逐个推进落实，不断壮大村集体经济实力。麻黄山乡实施生态猪、生态鸡产业扶持政策，制定了生态鸡、生态猪产业发展扶持实施方案，农户养殖生态鸡20—100只、生态猪2—6头，每只（头）分别给予10元和500元的补贴，进一步拓宽了群众的增收渠道，也让老百姓在大旱之年有了增收保障。同时，抢抓自治区“全国全域旅游示范区”建设机遇，持续推进“互联网+脱贫+农特产品+乡村休闲游”发展模式，坚持以“红色、民俗”为乡村休闲游的总基调和“传承红色基因，体验民俗风情”的发展定位，启动编制麻黄山乡全域旅游三年行动计划，下大力气将麻黄山乡打造成“红色旅游爱国主义教育基地、廉政警示教育基地、民俗旅游房车自驾露营驿站”。继续推行“1244+12”的运作模式，按月开展旅游节庆活动，特别是“盐池县首届杏花观赏节”活动的成功举办，进一步提升了乡村旅游知名度。截至目前，入境观光、消费游客8000余人次，创收80余万元。小杂粮种植突破10万亩、基础母羊补栏5000余只。全力实施村集体经济建设工程。截至目前，松记水村民生种植养殖合作社、麻黄山村宾馆、平庄村国泰文化旅游传媒发展有限公司已开张运营，黄羊岭村小杂粮加工厂建设方案已完成前期编制工作，特别是平庄村国泰文化旅游传媒发展有限公司已实现营业收入达39万元。

案例："光伏+扶贫"模式成为助力脱贫的有效引擎

高沙窝镇围绕"光伏+扶贫"模式，落实草原流转征用政策，共流转4.7万亩，得到草原租赁流转收益1.27亿元，涉及4个行政村6个自然村725户2025人，其中建档立卡户284户916人，人均分款最高达29.6万元，最低13.4万元。在8个贫困村都建设了光伏电站，每村每年将增加村集体经济收入22万元；对建档立卡户中的158户无劳无业人员实施了"屋顶光伏"项目，前9年每户每年可享受1800—3200元的收益，从第10年至第25年，每户每年可享受4200元左右的收益；并为南梁新村37户农户安装了光伏分布式发电系统，户均年增收3000元。在9个村庄实施了光伏美丽新村建设项目，新建了黄记台美丽村庄建设示范点，对施记圈、顾记圈等8个村庄实施了旧庄改造，完成投资6000万元，惠及农户592户。2017年，投资2600余万元全力完善了黄记台等5个美丽村庄的后续基础设施，按照高标准设计、人畜分离、一次到位的要求，配套巷道、广场、路灯及给排水等设施。

大水坑镇利用闲置土地，支持中国民生投资集团建设光伏发电项目4处，惠及4个贫困村，每年将为村集体经济增收20万元；实施农户屋顶光伏精准扶贫安装61户，每户每年发电收益稳定在3000元以上；各行政村每年光伏分红到户181户，户均享受分红2000元，连续收益3年。高沙窝镇借助光伏电站建设，通过兴办农家乐，电站空闲地种植花卉、紫花苜蓿等作物发展光伏旅游观光，形成集观光旅游、生态保护、劳务服务增收为一体的生态旅游产业。

青山乡针对无力无业户，在基本养老、退耕还林、生态奖补和粮食补贴的收入基础上，采取土地流转、光伏发电、光伏分红、生猪代养、卫生保洁、生态护林以及低保并轨等模式来保证贫困户有可持续稳定的收入。中国民生投资集团为全乡8个村易地新建村级光伏电站，为村集体经济年增收22万元，连续20年，每村互助资金管理费年收入5万元，部分村有村集体经济发展项目，年村集体经济收入还可增收10万元左右。

第二节　加大金融扶持，破解产业融资难题

盐池坚持走“依靠金融推动产业发展，依靠产业促进农民增收”的路子，认真贯彻落实《关于创新财政支农方式加快发展农业特色优势产业的意见》（宁政发〔2016〕27号）的精神，积极协调金融机构对从事优质粮食、滩羊、黄花、牧草等特色优势产业的新型经营主体给予贷款担保、风险补偿、贷款贴息，切实解决农户、新型经营主体产业发展资金短缺的难题。2017年度推荐602户贷款3.78亿元，兑现贴息资金586.8万元，其中农业企业按同期同档贷款基准利率60%贴息55.2万元，合作社、家庭农场及专业大户按同期同档贷款基准利率70%贴息531.6万元。

一　积极推进盐池滩羊产业金融支农服务创新试点

开展龙头企业+农户滩羊综合性金融服务“滩羊银行”模式，以大水坑镇、花马池镇两个乡镇参加滩羊收益保险的贫困养殖户为重点，引导龙头企业与养殖农户签订存管协议，由贫

困户分散养殖滩羊，龙头企业按月付给养殖户利息，为养殖户承贷承还，按订单收购，形成紧密利益联结机制，构建龙头企业＋农户综合性金融服务体系，助推农户、企业、产业的协调发展。

例如，在盐池县通过滩羊集团公司以基准利率、优惠政策向国家政策性银行批量贷款，再由滩羊集团公司把贷款分贷给各企业，解决龙头企业融资难题，支持企业用于市场开拓、品牌打造、扩大养殖等滩羊产业全体系建设。引导龙头企业将贫困村作为种养基地，实行订单养殖、订单收购，构建了“养加销”产业链利益共享、风险共担的联结机制，真正实现了“资金跟着穷人走、穷人跟着能人走、能人跟着产业走、产业跟着市场走”的目标，既保证了企业有稳定优质的原料来源，又实现了滩羊优质优价不愁销路。

案例：“滩羊银行”

盐池县滩羊集团的下属龙头企业溯源滩羊公司创新开展“滩羊银行”模式，与养殖农户签订滩羊存管协议和委托贷款协议，通过专家认定，将农户的纯正盐池滩羊视为“货币”存入溯源公司这个“银行”，由溯源公司支付农户“滩羊利息”，“滩羊银行”付息方式分为贫困户和非贫困户两种，贫困户一只羊每月付息3.2元，非贫困户为2.6元。一只羊的存款价为当期市场价的80%。比如当前一只成年滩羊价格为800元，则存款价为640元，按年利率5厘计算，贫困户每只羊每月可得利息3.2元，存管的目的就是要求农户按照规定对滩羊进行绿色、标准化饲养，滩羊出栏时由龙头企业高于市场价优先收购。在邻近的大水坑镇，“滩羊银行”已为65户合作农户支付利息75487元。“滩羊银行”还能贷款，其对接资金服务不分贫困户与非贫困户，100只羊可贷6.4万元，随时可贷，随时可还。到期后按市场价把羊卖给溯源滩羊公司，公司还会把利息全部返还，实际上是无息借款。

二 创新推出产业扶贫保险

创新探索推出了滩羊基础母羊养殖保险，滩羊肉价格指数保险，荞麦、黄花种植收益险等10种特色产业保险，采取政府补助保费，农户根据自身产业发展需要选择险种，为群众发展产业增收致富保驾护航，更培养了群众的保险意识。2017年完成滩羊基础母羊养殖保险5731户45.37万只，承保金额为1432.36万元，滩羊肉价格指数保险3911户10.08万只，承保金额为399. 01万元，荞麦产量保险9205户26.72万亩，承保金额为342万元，黄花种植保险108户690.3亩，承保金额为4.1万元，马铃薯收益保险2315户2.38万亩，承保金额为65.6万元，玉米收益保险1681户3.2万亩，承保金额为85.4万元，能繁母猪养殖保险85户1364只，承保金额为8.1万元。

第四章　精准发力，确保健康、教育扶贫实效

2017 年以来，盐池县将健康扶贫作为重大政治任务和第一民生工程，围绕让贫困人口“看得起病、看得好病、少得病”这一目标，立足县情、民情和具体病情，以精准健康扶贫为抓手，进一步加强统筹协调和资源整合，积极探索，创新实践，着力解决大病救助保障力度不够、医疗能力弱、就医负担重等难题，蹚出了一条革命老区健康扶贫的精准之路。截至目前，共有 23244 人次、1271 户群众从中受益，因病致贫人口由 2016 年年底的 3078 户 7992 人下降至目前的 195 户 463 人，建档立卡贫困患者住院医疗费用实际报销比例达 92.3%。经验做法先后受到国家卫生和计划生育委员会健康扶贫第三方评估组、体改司、宣传司等机构的充分肯定。

在教育方面，盐池县制定出台了《盐池县统筹推进县域内城乡义务教育一体化改革发展实施意见》，在办学条件改善、入学机会保障、脱贫能力提升等方面精准发力，努力使每个孩子都能享有公平而有质量的教育。2004 年在宁南山区率先实现“两基”目标；2008 年全县“两基”工作高标准通过国家教育督导团检查验收；2009 年创建教育强县工作高标准通过自治区人民政府的评估验收，在宁南山区率先实现了教育强县目标；2010 年基本普及高中阶段教育工作顺利通过自治区人民政府考核验收；2011—2013 年承担国家学前教育体制机制改革试点工

作取得了显著成效，试点经验在全国全区推广。2016 年年底，推进义务教育均衡发展工作高标准通过了国家教育督导委员会的考核认定。盐池县全县现有各级各类学校 63 所，包括高级中学 1 所、职业中学 1 所、初级中学 5 所、完全小学 19 所、教学点 15 所、幼儿园 21 所（含民办 6 所）、特教学校 1 所，其中寄宿制学校 23 所；在校学生 28074 人，包括普通高中 2778 人、职业中学 1641 人、初中 6053 人、小学 12071 人、学前班 131 人、在园幼儿 5400 人，其中寄宿生 4845 人。现有在编教职工 1733 人，包括普通高中 259 人、初中 468 人、小学 846 人、职中 53 人、幼儿园 107 人。

第一节　将健康扶贫作为重大政治任务和第一民生工程

一　抓好“三个环节”，让群众看得起病

（一）抓好报销保障环节

成立了全区首个县级卫生发展基金会，足额拨付财政兜底资金，整合资金 8000 多万元，建立了“四报销四救助”体系（基本医疗保险、大病保险、大病补充保险、家庭综合意外保险和民政救助、财政救助、慈善救助、盐池卫生发展基金救助），使建档立卡贫困患者住院医疗费用报销比例不低于 90%，年度累计住院医疗费用不超过 5000 元，门诊 30 种慢性病报销比例不低于 85%。从 2017 年到现在，大病补充险为 907 名患者报销 883.24 万元；家庭综合意外保险为 1271 户报销 375.59 万元；民政住院救助 7100 人次 682.53 万元，门诊救助 3006 人次 48.44 万元，财政基金救助 6912 人次 442.5 万元，宁夏盐池卫生发展基金救助 5319 人次 295.52 万元。建档立卡贫困患者住院医疗费用实际报销比例达 92.3%，切实解决了群众自己报销难、不知如何报销的问题。

（二）抓好参保补助环节

对建档立卡贫困户缴纳城乡医保二档或三档的，补助其一档保费。同时，在全区率先推行“扶贫保”（大病补充保险90元/人、家庭综合意外保险100元/户），2017年建档立卡贫困户“扶贫保”保费全部由县财政承担；非建档立卡贫困户“扶贫保”保费个人仅负担40%，其余60%由县财政补贴，县财政为134263人补贴1163.9万元。2018年为全县农村人口补助缴纳大病补充保险（90元/人）和家庭综合意外保险（100元/户），保费由农户先缴纳，财政核实后全额补助。截至目前，县财政为101109人补贴1266.55万元。2018年盐池县增加了医保救助边缘人群的救助力度，首先为全县农村60岁以上患有腰腿痛疾病的人群，在城乡基本医疗保险门诊报销330元完毕后，再购买腰腿痛疾病的药品给予补助，县、乡（社区）级医疗机构门诊补助比例分别为50%、60%，每人补助限额670元；其次对在门诊购买医疗机构短缺药品的未脱贫患者实施补助，实行定点医院审核、定点药店购药、定救助比例和年度补助限额，采取“三定一限”救助措施，患者购药费用补助50%，截至目前审核通过享受政策54人。

（三）抓好服务环节

盐池县全面实行“先住院后付费”和“一站式”结算服务。在县内就诊的建档立卡患者，出院时只需缴纳医疗总费用的10%且全年累计自付费用不超过5000元；在县外就诊的建档立卡患者，在出院时报销完基本医保和大病保险之后，对剩余超过总费用10%或全年累计超过5000元的部分予以兜底救助，实现了贫困人口医疗报销救助无缝隙、全覆盖，切实解决了群众看不起病的难题。

案例：高沙窝镇让医疗扶贫成为“脱贫攻坚”的有力保障

高沙窝镇在全镇范围内开展拉网式排查，建立医疗报销台账，组织所有帮扶责任人开展健康扶贫政策宣传，严格落实“四报销四救助”政策，为建档立卡患病群众提供“一站式”结算服务，实现建档立卡患病群众住院费用个人自付不超过5000元。截至目前，先后为373名大病患者落实了医疗报销政策，累计兜底救助金额达37.82万元，为1000余名因病致贫、慢性病患者进行了免费体检，为所有建档立卡贫困群众提供了家庭签约服务。全镇群众基本医疗保险参保率达100%，实现了基本医疗有保障，建档立卡贫困户“大病补充保险”和“家庭意外险”缴纳率达100%，健康扶贫政策惠及所有农户。切实加强家庭医生的管理工作，充分发挥其疾病预防宣传、家门口就诊服务等作用。

二 夯实“两个基础”，让群众看得好病

（一）夯实医疗设施基础

整合投入2300万元资金，为公立医院购置了64排螺旋CT、核磁共振、四维彩超等大型医疗设备；为基层医疗机构增配80台“健康一体机”、4辆救护车和3辆医疗巡诊车。县级医疗机构建设了“血液透析室”和“康复医学中心”；乡镇卫生院“中医馆”实现全覆盖，县乡两级医疗机构都达到标准化建设，切实改善了医疗机构服务条件，提升了服务能力。

（二）夯实医疗软件基础

探索县级医院延伸举办社区卫生服务机构，建立了“一中心、六站点”社区服务网点，为医疗机构增编134名，近7年累计公开招聘招考医护人员271人。每年投入150万元，与区内外多家医疗机构建立人才联合培养机制，有效提升了医疗服务水平和管理能力。同时还组建了覆盖全县8个乡镇卫生院的“县域医疗共同体”，对建档立卡户中因病致贫返贫人员，进行

门诊初筛补助，按病种分类，制定个性化治疗方案，贫困患者县内就诊率由 83.1% 提高到 90.37%。

三 实施“三大工程”，让群众少得病

（一）深入实施健康促进工程

成立了盐池县健康促进委员会，盐池县健康教育、公共政策健康专家委员会，大力开展健康知识宣传，建立了覆盖 125 个单位、14 个医疗机构的健康促进工作网络，提高了居民健康素养和生活品质。

（二）广泛开展健康教育工程

成立健康讲师团队，在全县开展“健康盐池大讲堂”活动，累计培训人员 32000 余人次，制作了 10 万余份宣传页，并拍摄了“微电影”和“动漫”宣传片，持续引导群众树立正确的健康观、就医观。

案例：大水坑镇强民生服务建设，提升保障水平

大水坑镇通过健康教育宣传和实施各种医疗保障措施，使群众观念由“重疾病治疗”向“重疾病预防”转变，通过开展“先住院、后付费”的诊疗服务，实行“一站式”的结算方式，解决看病难、看病贵的问题。

（三）大力推进健康服务工程

2017 年创新开展“五项补助措施”，即为所有建档立卡贫困户提供 100 元/人家庭医生签约服务补助；为建档立卡孕妇提供唐氏筛查和胎儿四维彩超检查补助，为非建档立卡孕妇补助一半费用；为 1970—1999 年出生盐池户籍人口提供接种乙肝疫苗补助，总计已接种 5.06 万人；为建档立卡户中原发性高血压、Ⅱ型糖尿病患者在基层医疗机构购药提供全额补助，为非建档立卡户补助 50%；为建档立卡严重精神病患者在专科医院

门诊购药进行补助，每人4000元/年，为非建档立卡严重精神障碍患者每人补助2000元/年，先后共有338名患者受益；为86名Ⅲ级及以上严重精神障碍患者监护人发放看护补贴10.32万元。2018年在2017年的基础上探索改进了“三项补助措施”。为有效预防儿童口腔龋齿发病，对盐池县7—9岁儿童窝沟封闭治疗进行全额补助。为全县农村孕妇唐氏筛查和胎儿四维彩超检查进行全额补助，目前唐氏筛查补助211人，四维彩超补助162人。原发性高血压、Ⅱ型糖尿病患者，主动接受监测管理的，在乡镇卫生院、社区卫生服务中心、村卫生室门诊购买治疗此病的药品的费用，经医保报销后个人自付部分补助60%，原发性高血压和Ⅱ型糖尿病患者购药每人每年补助限额分别为200元和400元；目前高血压8717人、糖尿病1035人享受了购药补助。同时，充分发挥“治未病中心”作用，为全县1100多名建档立卡贫困人口开展中医体质辨识体检，并制定中医干预方案，实现了贫困人口未病先防。促进医疗卫生服务模式由“重疾病治疗”向“重疾病预防”转变；通过正确的舆论导向和健康生活方式指导，不断提高群众自我保健能力。

案例：惠安堡镇的医疗保障建设

惠安堡镇通过核对农村居民医疗保险缴费网络，动员建档立卡贫困户全部参加新农保，切实做到不漏一户、不落一人。2017年，全镇城乡医保参保率达100%。全面推行“2+X”菜单式扶贫保模式，发动贫困户全部投保大病补充医疗保险和家庭意外综合保险，确保贫困户不因大病大灾致贫返贫。2017年，全镇建档立卡户累计投保各类保险5581份，户均投保4.3份。全面落实“四报销四救助”健康扶贫“八道保障网”，保障建档立卡贫困患者住院医疗费用自付部分不超过10%且不超过5000元，28种慢性病患者门诊报销达85%。2017年全镇住院贫困患者153人全部享受到了健康扶贫带来的实惠。为4251名建档立卡贫困户实施家庭医生签约服务，设立建档立卡贫困户就医“绿色通道”和医保报销救助“一站式”结算平台，极大地方便了群众享受健康扶贫政策。

第二节 坚持教育优先发展战略

一 夯实基础，全面改善办学条件

盐池县整合资金2.46亿元，改扩建校舍61462平方米、运动场地126034平方米，配备教学仪器（教玩具）设备费用达9174万元（33所义务教育阶段学校、1所职业中学、20所幼儿园）。新增小学学位1620个、幼儿学位1080个。同时，按照每生每年县城公办幼儿园150元、民办200元、派驻管理团队300元、农村幼儿园及学前班500元的标准安排生均公用经费，对公办幼儿园给予生均100元采暖费补助；按照每生每年6000元标准，核拨民办特殊教育中心生均公用经费。

二 完善体系，实现学生资助全覆盖

全面落实学前二年教育资助和“一免一补”、义务教育“三免一补”等政策，并通过盐池教育发展基金、燕宝慈善基金等各类资助项目，实现了学前到大学学生资助全覆盖，2015—2017年受助学生达22401人次。同时，为6483名大学生办理生源地助学贷款；对全县高中阶段寄宿生给予住宿费补助；按照每千米0.25元的标准，对全县中小学寄宿生给予交通补助。

案例：惠安堡镇全力做好教育保障

惠安堡镇在义务教育方面，争取义务教育“改薄”资金1400万元，新建了中心小学综合楼，有效缓解了大班额现象。全面落实教育扶贫政策，通过实施雨露计划救助高职中

职学生94人，希望工程圆梦行动资助贫困大学生24人，燕宝基金资助考入一本、二本大学生21人。通过落实“三免一补”政策（免学费、免教材费、免住宿费，寄宿生补交通费），开展“一帮一”专项助学行动，及时跟踪有辍学倾向的学生动态，确保适龄儿童少年全部完成九年义务教育。

三 控辍保学，确保学生完成义务教育

认真落实县人民政府办公室《关于进一步加强义务教育阶段控辍保学工作实施方案》《关于开展义务教育控辍保学摸底排查切实做好辍学生劝返复学工作的通知》，落实“双线控辍保学责任制”，按照“一人一策”的原则，通过以管控辍、以质控辍、以情控辍、以技补辍，劝返复学学生284人，并通过跟班就读、送教上门等途径，接受完整的义务教育。

案例：扎实开展保学控辍工作，保障义务教育全覆盖

高沙窝镇严把控辍保学关，严格落实学前教育“一免一补”资金；通过认真自查、上级督查反馈等方式，对发现的12名义务教育阶段辍学生进行了劝返归校，建档立卡贫困户九年义务教育期内辍学率为零；全面对高中阶段学生实行“三免一补”，对中小学寄宿生发放交通补助，对贫困大学生的资助、助学贷款进行排查落实，积极提供助学贷款。2017年，从镇社会帮扶资金中支出3.7万元资助高沙窝镇2017年贫困家庭中高职（专科）学生18名。着力构建从学前教育到小学、中学、大学，直至就业的“一条龙”帮扶机制，让贫困家庭的孩子上好学、能就业。

四 优化结构，均衡师资队伍配置

逐年提高教师培训专项经费，2018年安排240万元。通过政府购买服务和财政补贴的方式为公办园招聘非在编教师249

名，解决了学前教育师资短缺的问题。落实校长、教师轮岗交流制度，2016—2018年，轮岗交流校长教师736人，争取“三支一扶”大学毕业生90人，招聘特岗教师119人，进一步优化了师资队伍结构。

五 创新举措，提高农村学校教育质量

实施《吴忠市区学校与盐红同集中连片贫困地区学校结对帮扶工作实施方案》，市区学校共派驻10名骨干或教学名师对惠安堡镇、大水坑镇、麻黄山乡9所中小学进行帮扶，解决学科教师短缺问题，加强了薄弱学科的教学力量。组织开展县城优质学校与农村学校结对帮扶工作，通过联片教研、送课到校等方式，就学校管理、教育教学等全方位进行帮扶。按照每人每年5万元补助标准，为农村学校聘用退休高级教师和教学名师16名，进一步优化农村教师队伍。扎实推进创新素养教育，着力提升农村学校教育质量。围绕社会主义核心价值观，开展爱国爱党爱社会主义教育，倡导学习传承中华优秀传统文化和美德，推进特色校园文化建设，培养学生文明素养，影响和带动家风、乡风、民风持续向好。

六 整合资源，发挥职业教育优势

坚持把推动农村劳动力转移作为农民增收的一项重要举措，抓好抓实。整合项目资金1.9亿元，新建了职业教育中心。对接区域主导产业发展、就业市场需求和教育精准扶贫，调整开设了油气化工、电子商务、养老服务等新兴专业，打造了26个专业实训室和汽修多功能实训车间、工程机械实训车间。大力推进校企合作、校校合作、高职升学、工学交替办学，增强了职业教育师资队伍素质和学生实操能力。整合县域内培训资源，按需设置培训科目，精心设计培训计划，认真组织培训教学，做到培训计划、师资、设施、实训、教材、考核“六到位”，先

后对1850名建档立卡贫困群众进行了实用技术培训，切实增强了贫困户脱贫致富的能力。同时，因地制宜、因人制宜，采取全日制、半工半读、中长期技能培训、跟岗实习等方式，保障“两后生”接受职业教育。

案例：教育培训增后劲，大力发展劳务产业

惠安堡镇依托企业用工和产业发展需求，按照“培训一人、就业一人、脱贫一户”的思路，广泛动员群众特别是建档立卡贫困户实施农村实用技能培训和创业就业务工技能培训，着力增强贫困户的自我发展能力。2017年以来，先后开展烹饪、挖掘机、驾驶员等技能培训和滩羊养殖、黄花种植等各类农村实用技术培训1500人次，转移就业1200人次，稳定就业3个月以上的比重达50%以上，贫困户户均从劳务产业中增收1.5万元。惠苑村民俗传统手工艺加工合作社通过引进企业培训贫困群众、来料加工组建“扶贫车间”，搭建就业平台，带动贫困群众50人稳定就业。高沙窝镇大力开展“菜单式”“保姆式”“定向式”技能培训，共举办实用种植养殖技术和餐饮、月嫂、电焊工、泥瓦工等培训班20余期，培训3334人，户均掌握1—2门实用技术和劳务技能的目标基本实现。

第五章　量身定做“扶贫保”，兜住返贫底线

第一节　创新突破，量身定做“扶贫保”产品

扶贫保险作为金融扶贫的重要组成部分，对防范和化解脱贫攻坚过程中的风险具有不可替代的作用。盐池县建档立卡贫困人口中，因病因灾致贫率高达38.6%，是脱贫攻坚路上最大的“拦路虎”。为此盐池县与驻地保险机构合作探索推行“2+X”菜单式扶贫保模式（“2”就是指建档立卡贫困户大病医疗补充保险和家庭综合意外伤害保险，“X”就是指特色农业保、羊肉价格保、金融信贷保等系列扶贫保险），构建了盐池县贫困群众风险保障体系，增强了建档立卡贫困户脱贫攻坚内生动力，让每一名贫困群众在小康路上不掉队。

案例：青山乡因户精准施策，切实为脱贫致富量体裁衣

青山乡坚持“一户一策，精准施策”的脱贫方针，针对贫困户的致贫原因、发展意向和实际情况，精准制定脱贫计划发展目标。针对因学致贫的，进一步加大贫困户子女助学力度，认真落实“三免一补”政策和贫困大学生资助政策，帮助贫困生实施助学贷款和“雨露计划”项目，切实减轻贫困家庭学生上学负担，累计资助大学生199名、

雨露计划265名。针对因缺技术致贫的，加大贫困户职业技能培训力度，让有劳动能力的贫困家庭至少有一人掌握一项以上专业技能，累计完成手工、烹饪和家政等技能培训745人、技术培训391人、种植养殖致富带头人培训150人，目前就业率和上岗率达80%以上。针对因病致贫的，积极推行健康扶贫政策，加大医疗救助力度，完善重大疾病、重度残疾人、精神残疾人医疗救助措施，保证了大病报销后个人自付不超过10%或当年住院费用累计不超过5000元，提高了农村贫困病人医疗保障水平，对65岁以上贫困人口进行健康体检，推行地方病、慢性病救助政策，建立建档立卡贫困户健康档案，对全乡农村人口健康、就医情况进行智慧管理，全面提高健康脱贫成效。针对因缺劳力致贫的，对无力无业的双老户、单老户等困难户，采取屋顶光伏发电、光伏分红、肉牛生猪代养、老年饭桌和公益性岗位等措施，确保他们有稳定的经营性收入。年发放生态护林员管护费46万元、公益性岗位工资36.76万元、康洁公司卫生保洁员工资26.4万元、巡河员工资4.2万元，为史振银等117户安装2.7—5.4千瓦容量不等的太阳能光伏发电板，保障低收入人群有稳定可持续的收入。对全部或部分丧失劳动能力的低保人口，实行扶贫和低保“两线合一”政策兜底，把符合低保条件的贫困人口全部纳入最低生活保障。对所有贫困户，积极推动“2+X”菜单式扶贫保模式，采取家庭意外综合保险和大病补充保险财政全额补贴及种植养殖保险财政补贴40%的措施，实现建档立卡户“扶贫保”全覆盖，非建档立卡户90%以上的目标，做到种植产业灾情有保险、养殖产业防疫有保障，全面解决群众发展产业的后顾之忧，尽快让贫困群众的钱袋子鼓起来。针对因缺发展资金致贫的，进一步加大金融扶贫贷款力度，把无抵押、无担保扶贫小额贷款政策放宽到65周岁，互助资金贷款放宽到70周岁，积极鼓励贫困群众贷款发展种养产业并实行10万元以下基准利率贷款、贴息政策，进一步完善诚信经营贷款体系，推行“惠农卡、富农卡”贷款致富模式，完成6个信用村的评定授信工作，贫困户评级授信率达100%，获得扶贫小额贷款的贫困户比例达90%以上，户均贷款7.8万元，为诚信发展和脱贫富民奠定了坚实的基础。结合农户实际，聚焦再聚焦、精准再精准，下足对症用药的硬功夫、“一户一策”的细功夫，精准施策，精准扶持，真正扶到点上、扶到根上。

一 实施综合医疗保险

针对因病因灾致贫比重大的问题，专门设立大病医疗补充保险和家庭综合意外伤害保险两个基本险种，为贫困户构筑健康“防火墙”，防止出现“辛苦脱贫奔小康，一场病痛全泡汤”的情况。其中，大病医疗补充保险，保费收取标准为90元/人，大病医疗补充保险不设起付线，年度最高报销额度为20万元；家庭综合意外伤害保险，每户保险费100元，保险责任为每户9.9万元。通过与健康扶贫相结合，形成了“四报销四救助”体系（基本医保报销、大病医疗保险报销、大病补充医疗保险报销、家庭综合意外伤害保险报销，民政医疗救助、卫生发展基金救助、财政医疗救助、慈善基金救助），构筑了因病、因意外伤害致贫8道保障网，对在县内住院治疗的建档立卡贫困人口，通过城乡居民基本医疗保险政策倾斜、医疗优惠减免和救助等措施，将建档立卡贫困户年内住院个人合规医疗费用支出控制在10%以下或当年住院自付费用累计不超过5000元，有效解决了贫困群众的后顾之忧。

案例：大水坑镇兜住脱贫底线，发挥政策优势

大水坑镇抓社会民生建设，完善农村低保评定机制，

做好困难群众救助工作。把因病、因灾返贫的人口纳入贫困户建档立卡户，确保脱贫路上不漏一人。结合敬老院的投入使用，解决好独居老人、孤寡老人的生活。完善社会保障体系，实现农村养老、医疗保险全覆盖，动员群众参与商业保险，做好临时救助，解决好农民工工资拖欠问题。

案例：阻断贫困代际传递，重防因病致贫返贫

花马池镇严格落实“三免一补”等政策，加大对贫困大学生的资助力度，实现应补尽补，累计资助贫困大学生119名，救助金额35.5万元，申报“雨露计划”296人，发放补助资金44.4万元，全镇没有因贫困而辍学的学生。花马池镇加强城乡居民医疗保险收缴工作，全面落实“九免一补助”“家庭医生签约”“绿色通道”和“四报销四救助”等政策，全镇2320户6414人全部参加了城乡基本医疗保险、家庭综合意外伤害保险及大病补充医疗保险，实现了城乡居民医疗保险全覆盖。累计救助各类大病患者1087人次，共98.74万元，保证建档立卡贫困户住院患者自付费用累计不超过10%或5000元。兜住了因病、因灾、因意外返贫的底线。

案例：盐池县冯记沟乡贫困户杜连雄

杜连雄因患直肠癌和脑瘤，先后两次住院治疗，花费33.43万元，巨额医疗费使原本贫困的家庭陷入了困境，幸运的是政府为他购买了扶贫保险，通过农村基本医保、大病医疗保险、大病医疗补充保险、民政医疗救助等方式，先后为他报销达33万元，个人仅承担了4300元。杜连雄逢人便说“政府政策太好了，没有保险就没有我了!”

二　实施养殖业“扶贫保”

虽然“盐池滩羊”是国字号品牌，但受市场价格波动以及建档立卡贫困户缺技术、不会管理、不会经营等因素影响，养殖户养殖效益一度较为低迷，严重挫伤了建档立卡贫困户养羊

的信心。为此，盐池县为养殖户量身定做了滩羊保险系列产品，开发了滩羊肉价格指数保险，降低市场价格波动所造成的养殖收益损失，通过基础母羊、种公羊养殖保险，减少疫病疫情造成的羊只死亡损失，有效地调动了群众养殖的积极性。其中，滩羊肉价格指数保险，2016 年每只保费 30 元，保险合同约定滩羊肉每斤 20 元（滩羊肉成本价为每斤 17 元），因市场价格下跌导致滩羊肉的销售收入低于每斤 20 元时，保险机构按照保险合同约定负责赔偿（随着滩羊肉市场价格的调整，2017 年每只保费提高到 39.6 元，保险合同约定滩羊肉每斤 22 元）。基础母羊、种公羊养殖保险，每只保费 36 元，保险金额每只 600 元。自然灾害、意外事故、疫病造成牲畜死亡时，保险公司负责赔偿。通过扶贫保险的实施，实现了滩羊养殖零风险，建档立卡贫困户增加了养殖信心，也敢大胆贷款购羊养羊，真正实现产融保结合脱贫致富的目标。2016 年 9 月，盐池滩羊肉走上了 G20 杭州峰会和 2017 年金砖五国国宴餐桌，其品牌价值达 68 亿元，滩羊产业实现了贫困村全覆盖，辐射带动 80% 以上的贫困户，户均养羊 30 只以上，已成为贫困群众脱贫致富的主导产业，对贫困群众增收贡献率达 80% 以上。

案例：通过实施扶贫保险，增强建档立卡贫困户养殖信心

2016 年，盐池县花马池镇李记沟贫困户刘德饲养的 30 只滩羊受市场羊肉价格波动影响，连续两个季度羊肉价格都低于合同约定价（合同约定价 20 元/斤），两个季度平均价格分别为 17.06 元/斤、16.84 元/斤，当年刘德参保了滩羊肉价格指数保险，人保财险公司分别赔付了 793 元、853 元，共给养殖户赔付经济损失 1646 元，滩羊肉价格指数保险真正为养殖户兜住了风险。暴记春村养殖户杨科，养殖滩羊 80 只，在滩羊肉价格最低时，滩羊肉价格指数保险确

保了他的羊肉能卖到20元/斤，2016年养羊收入达3万元，杨科对发展滩羊养殖信心更足了，目前存栏达150只。老杨说："我养了20多年羊，最怕的就是羊肉价格大起大落。现在有了滩羊肉价格指数保险，就什么都不怕了"。盐池县高沙窝镇二步坑村民军霍礼军身体残疾，生活能基本自理，但不能干农活、重活，所以一家人的生活全部压在妻子的肩上，30只羊就是他家的全部家当。2017年7月31日，由于感染了羊肠毒血症，其20只羊死亡，经查勘，18只羊的死亡属于保险责任范围，人保财险公司仅用了3个工作日就完成了结案，将9720元赔款汇入霍礼军"一卡通"账户。人保财险公司的工作人员至今都无法忘记霍礼军那绝望无助的眼神，那种天塌下来的神情，当听到人保财险公司工作人员确定死亡羊只属于保险责任范围，可以理赔时，霍礼军的眼睛瞬间亮了，眼泪一下子就涌了出来，不停地说"这可是救命钱哪！"

三 实施种植业"扶贫保"

针对种植业受干旱、冰雹、霜冻等自然灾害影响的问题，盐池县积极探索保险与特色产业发展相结合的模式，根据贫困群众农业生产实际需要，推出了黄花种植、玉米收入、马铃薯收入和荞麦产量保险，将传统种植业保险的"保灾害"延伸到保"价格下跌和产量降低"的综合责任，建档立卡贫困户的粮食生产效益牢牢被兜住。荞麦是盐池县种植规模最大、分布最广的传统农作物，涉及家家户户的稳定增收。为此，盐池县专门设立了荞麦产量保险，每亩保费12.8元，保险责任为每亩128斤。因灾害损失造成荞麦产量减少，导致各品种的实际产量低于保险合同约定的前三年平均产量时，保险公司按照合同约定负责赔偿。

案例：发挥“扶贫保”保底作用，培育富民产业，拓宽增收渠道

近年来，盐池县利用独特地理和气候优势引导群众大力发展黄花，成为带动当地贫困户增收的“致富菜”。过去受连阴雨的影响，建档立卡贫困户采摘、晾晒出了些问题，贫困户吃了亏，种植积极性受到了打击，种植信心受到了挫伤。2016 年，盐池县积极探索开发了黄花种植保险：每亩收费 60 元，主要承担因自然灾害及晾晒期间连阴雨造成的黄花损失，保险金额为每亩 1000 元。2017 年 7 月 27 日，盐池县惠安堡镇惠苑村王昭辉等 31 户黄花种植户，因为连阴雨造成 285 亩采摘晾晒的黄花部分霉变，直接影响收入，人保财险公司在接到村干部的报案后，会同农牧专家到现场查勘定损。经过专家现场鉴定，根据条款规定，人保财险公司给这 31 户受灾农户赔付共计 51300 元，农户“致富菜”同时也有了保险的呵护。目前，盐池县黄花种植面积累计达 6.1 万亩，亩均产值 1 万元左右，辐射带动了全县 3950 户农民种植黄花，预计 2018 年年底黄花种植面积达 10 万亩，黄花已成为当地群众脱贫增收的主导产业。

2016 年 9 月 24 日，盐池县大水坑镇新建村村民李玉山等 80 户种植的荞麦遭受冰雹。眼看到手的丰收毁于一旦，农户一筹莫展，唉声叹气，说“老天不可怜人哪”。人保财险公司在接到报案后，会同农牧专家赶赴现场，经过农牧专家细致地测产，该村实际亩产 100.3 斤/亩。人保财险公司按照合同约定予以理赔，共赔偿 88640 元（亩均差额 27.7 斤，市场价 2 元/斤），并将赔款分别汇入每个村民的“一卡通”账户。李玉山说，“没想到政府鼓励买保险在关键时刻发挥如此大的作用，如果没有保险，自己一年辛苦，顷刻间就会化为泡影”，靠天吃饭的产业确实需要保险的兜底。

冯记沟乡按照“金融创新推动产业发展、产业发展促进农民增收”的思路，积极实践“产业+金融+脱贫保”扶贫模式，鼓励引导贫困户通过扶贫小额信贷和脱贫保险发展草畜产业实现脱贫致富。截至2017年年底，全乡贫困户累计514户贷款，共5288万元，贫困户贷款比例为77.5%，户均贷款10.3万元。2016年年初，63岁的平台村贫困户薛虎在帮扶责任人的联系下，从信用社贷款2万元，把自养的滩羊规模从20只扩大到60只，当年增收2万余元。为有效防范贫困群众产业发展风险，全面推进“2+X”菜单式扶贫保模式，在实现基本医疗保险、大病补充医疗保险、家庭意外伤害保险全覆盖的基础上，全面推行滩羊、玉米、小杂粮等种植养殖业保险，实现贫困户脱贫路上零风险，有效防止农户因病、因灾返贫。合作组织带动明显。结合冯记沟乡特色优势产业，先后成立了36家种植养殖专业合作社，各村均成立了滩羊养殖协会和村级互助合作社。这些组织的成立和完善，推动了冯记沟乡农业产业化经营和提高了农民组织化程度，在千家万户小生产与千变万化大市场之间架起了一座衔接农产品的生产、加工、储存、销售诸环节的桥梁，较好地解决了农产品买难、卖难、发展资金短缺等问题。

第二节　建立健全机制，确保扶贫保险健康发展

为了确保扶贫保险健康发展，盐池县委及县政府积极作为、正确引导，保险公司勇于担当、积极跟进，贫困群众改变观念、积极参与，形成了合理的资金投入机制、有效的风险防范机制和高效的投保服务机制，确保了扶贫保险顺利推进。

一　建立资金投入引导机制

为了顺利推广实施“扶贫保”，提高贫困户参保的积极性，

考虑到建档立卡贫困户经济承担实际，盐池县加大财政投入力度，建档立卡贫困户保费由政府买单。2016 年，全县所有建档立卡贫困户全部投保了家庭综合意外伤害保险、大病医疗补充保险和特色农业保险等，共计投入保费 1415 万元，受理保险赔付案件 6027 件 2163 万元；2017 年，盐池县进一步提标扩面，实现了全县所有农户“扶贫保”全覆盖，全年所有建档立卡贫困户扶贫保费投入 1773 万元，受理保险赔付案件 4769 件 1275 万元。

案例：王乐井乡“三保险”确保贫困户有稳定可持续的收入来源

一是低保救助保稳定。由包村领导、包村干部组成的脱贫攻坚工作小组逐户摸底排查，将符合低保和社会临时救助的贫困户及时纳入低保范围，一户不落，实现应保尽保。截至目前，全乡低保共计 925 户 1503 人，临时救助 176 户 426100 元。二是企业托养保增收。采取“企业 + 农户”模式，帮助全乡 238 户收入困难户与企业签订“托养协议”，农户以滩鸡、滩羊、生猪等形式入股分红，确保贫困户形成“零成本、零风险、高收益”的产业增收渠道。三是光伏“扶贫保”持续。为全乡 101 户无收入的“双老户”等无力发展产业的贫困户屋顶安装光伏电板，户均享受屋顶光伏收益 3000 元。对全乡 165 户特困户进行光伏项目到户分红，户均收益 2000 元，为收入困难户提供可持续的增收方式。

二 建立风险分散补偿机制

从政府引导互助资金社员参保开始，逐步探索扶贫小额信贷家庭综合意外伤害险、金融信贷大额险、互助资金信贷险，实现信贷保购买全覆盖，确保了建档立卡贫困户如期贷上款。盐池县坚持“保本、微利、风险共担”的原则，积极探索建立政府、保险双方风险补偿合作机制，科学设置投保额和赔付额，但在实际过程中，参与盐池县“扶贫保”的两家保险公司，其中人保财险公司2016年保费收入仅702万元，理赔了1253万元，亏损达500余万元。为了进一步降低保险机构承保风险，调动保险公司积极性，增强风险防控能力，2017年盐池县特别设立了1000万元“扶贫保”风险分散补偿金，建立盈亏互补机制，即保险公司在一个保险周期内亏损的情况下，亏损部分由风险分散补偿金承担60%，保险公司承担40%，在盈利的情况下，盈利部分60%返回风险补偿金，周转使用的互补机制。在确保建档立卡户脱贫路上不掉队的同时，也保证了保险公司的投保积极性和理赔及时性。

案例：实施金融信贷保，让金融机构吃上了定心丸

高沙窝镇大疙瘩村贫困户任生金好不容易贷上款，不幸的是祸从天降，2017年3月6日在202省道发生交通事故，导致当场身故。中国人寿保险公司按照“信贷险”“家庭综合意外伤害保险”“村级互助社成员保险”的理赔规则，分别赔付5万元、4.5万元、1万元保险金，总计赔付10.5万元保险金。花马池镇居民杨彪，于2015年5月22日投保中国人寿保险公司金融信贷保险，投保金额280万元，保费7000元。家庭人员5人，原本有一个幸福美满的家庭，谁知天有不测风云，2015年12月7日杨彪因意外摔倒头部着地陷入昏迷，家人送往医院抢救无效身故。杨彪是家庭的顶梁柱，妻子没有工作，大儿子上初中，还有一对双胞胎儿女还不足四岁，意外的发生对于他们来说犹如晴天霹雳，面对亲人的突然离世和银行巨额的债务，这个家庭顿时陷入了生活的绝境。中国人寿保险公司接到盐池县麻黄山信用社报案后，第一时间进行现场勘察及理赔资料收集，公司经理高度重视，上下协调，及时进行了理赔。当把280万元理赔款送到家属手中时，家属热泪盈眶，用哽咽的声音说道：“感谢

中国人寿保险公司，在这个危难的时候，给我们送来了温暖，如果没有这笔赔款，真不知道一个女人带着三个孩子身背巨额债务如何生活下去”。家属给中国人寿保险公司送来了锦旗，表达了深深的感谢。这笔赔款也是宁夏保险业36年发展历史上最大一笔中国人寿保险赔款。

三 建立高效投保服务机制

盐池县每年出台扶贫保险实施方案，把扶贫保险作为脱贫攻坚的一项主要措施，明确各级各部门的工作职责，加大县乡村各级干部培训力度，提高干部认识和服务意识。在承保服务方面，保险公司在每个村聘请专兼职协保员，专门成立了“扶贫保”工作组，通过印发宣传册、召开座谈会、宣传典型案例、利用现代网络媒体等方式，对每个村、每个组都进行了专场培训。在理赔服务方面，对“2＋X”菜单式扶贫保模式中的大病医疗保险实行一站式服务，因病致贫和未脱贫建档立卡贫困户人员住院兜底由自治区“一站式”结算系统直接核算；自治区“一站式”结算系统以外的所有建档立卡贫困户在县内住院治疗费用由县内各医疗机构进行“一站式”结算；在县外住院治疗费用由县人力资源和社会保障服务中心进行“一站式”结算，方便办理投保、赔付业务。全面优化理赔程序，简易案件5个工作日必须结案，案件结束后，次月按照发案件数5%进行回访，倾听农户的心声，了解他们的需求，改进自己的工作。为了保证滩羊肉价格及时准确发布，将过去由农调队单一测定的方式，调整为由物价主管部门发改局牵头，农牧局、扶贫办、滩羊养殖协会配合指导，每季度发布一次滩羊肉价格，以便更好地为农户做好理赔服务。

第六章　夯实乡村振兴发展基础

近年来，盐池县围绕“产业兴旺、生态宜居、治理有效、乡风文明、生活富裕”的目标，按照推进新型城镇化发展和脱贫攻坚总体要求，以开展农村危窑危房改造、美丽乡村建设、农村人居环境整治等村镇建设重点工作为抓手，着力完善农村地区基础设施建设、改善农村地区面貌环境，精准施策、加大投入，不断夯实乡村振兴发展基础。

第一节　推进危窑危房改造，实现农村常住户安全住房全覆盖

围绕解决农村危窑危房户和无房户“不愁住”“住房有保障”的目标，以农户自筹为主，以政府补助、政策扶持和社会参与等措施为抓手，2009 年以来，解决农村 12095 户困难群众的住房问题，并有偿拆除了农村危窑危房 4197 户。

一　严格审核标准，确保危房改造对象精准

盐池县严把“入户关、登记关、照相关、审核关”，做到不重登、不漏登，按照“分类排队、分步实施”的原则，对农户住房危险程度和家庭经济状况等方面综合分析，确定危窑危房改造对象并张榜公布，建立了档案资料，做到了底子清、情况明、对象准。在确定危窑危房改造对象的基础上，严格履行

“户主申请、村委会调查核实、乡镇人民政府审核”的程序，实行全程“阳光”操作。同时，按照“先急后缓、分步实施”的原则，确定了“极度贫困户、四类重点对象和其他贫困户”三种补助类型，对居住房屋极度危险、家庭极为困难的农户房屋进行改造建设。制定并印发了《关于进一步明确危窑危房改造政策的通知》，统一明确了危窑危房改造原则和改造对象认定标准。

案例：惠安堡镇的住房保障

惠安堡镇对全镇所有群众住房情况进行了详细摸底排查，对每户住房结构、安全性能进行了鉴定，建立了4095份农户安全住房认定档案。全面实施住房保障“十个一批”工程，动员农户新建安全住房324户、维修加固窑洞19孔，采取“1+3”模式统建安全住房20户，利用农村闲置房屋改造安置房安置贫困户6户，发放外出务工租房补贴14.5万元，对年内购置安全住房的26户发放补助78万元，易地扶贫搬迁安置99户373人。截至2017年年底，全镇所有农户全部实现安全住房有保障。

案例：麻黄山乡全力实施基础设施建设工程

麻黄山乡全力落实乡政府驻地街道美丽小城镇及包塬、前塬2个美丽村庄项目建设，彻底解决了30多年来街道脏乱差等历史遗留问题，进一步提升了乡镇驻地对外形象。同时，在2016年的基础上，通过深入摸排，对全乡956户住房存在隐患的群众实施危窑危房改造项目，一次性解决群众安全住房问题，补齐了脱贫摘帽基础设施短板。

二　管控质量安全，确保群众住上安全住房

在农房改造中，盐池县要求乡镇与施工企业或建筑工匠、危窑危房改造户分别签订建房协议，明确任务、质量、进度和

竣工时限，组织建筑工匠参加施工技术培训，经考试合格后颁发技能证书。严把建筑材料质量关，从源头抓控制，确保农户建房材料符合国家安全技术标准。同时严格执行工程质量督查验收，重点把握建材供应关、施工质量关、检查验收关，切实做到完工一处、合格一处、验收一处。在危窑改造中，盐池县结合实际，按照宁夏回族自治区住建厅2016年下发的《关于做好有保留意义和价值窑洞修缮加固改造工作的通知》精神，选择地质基础条件较好、窑洞存量较大、有传统民居保护和文化旅游开发价值的麻黄山乡部分窑洞作为加固维修试点，以此为基础，在宁夏回族自治区住建厅和建筑设计研究院的支持下，形成了《盐池县危窑危房改造技术措施》。

案例：冯记沟乡坚持把“住有所居”作为脱贫富民的基础性工程来抓

2014年以来，全乡共实施危房改造649户，其中建档立卡贫困户194户；对130余户轻微裂缝或漏雨房屋进行维修加固；对33户贫困户实施“十三五”易地扶贫搬迁，并配套建设大拱棚、养殖暖棚，确保搬得出、稳得住、能致富；会同住房和城乡建设部门，冯记沟乡对全乡常住户住房进行鉴定评估，全部达到B级以上。坚持把“病有所医”作为精扶脱贫的关键保障。通过基本医疗保险、家庭综合意外伤害保险、大病补充医疗险三项险种有效衔接，和“四报销四救助”医疗保障制度的全面落实，将建档立卡贫困户住院自付部分控制在10%和5000元以内，基本实现了一卡在手看病不愁，有效杜绝了因病致贫、因病返贫问题。坚持把“学有所教”作为“拔穷根”的重要举措。全面落实“三免一补”“雨露计划”“燕宝基金”等教育扶贫政策，并积极协调冯记沟乡砂石料合作社以及外出创业能人捐资助学，确保不让1名贫困学生辍学。目前全乡义务教育阶段无一个辍学生，高中阶段教育、中等职业教育及大学教育等阶段相应教育措施全面落实到位。

三 加大资金投入，切实解决危房改造农户经济负担

盐池县通过维修加固窑洞、群众自建、政策兜底、购房安置、易地搬迁、公租房扩面、租赁补贴等“十个一批”措施，多方位多渠道解决农村困难群众住房安全问题，助力脱贫攻坚。2017 年，维修加固窑洞 512 户、群众自建 4732 户、政策兜底 313 户、购房安置 591 户、易地搬迁 519 户（全部为建档立卡户）、公租房扩面 24 户（全部为建档立卡户）、租赁补贴 526 户等，解决了当年农村 7217 户困难群众的住房问题。2017 年盐池县率先提高危窑危房改造补助标准，在自治区分类补助的基础上统一调高至户均补助 3 万元。针对部分筹资困难的贫困户，采取“由农户自筹 1 万元与乡镇人民政府签订建房协议，由乡镇组织施工队伍统一垫资代建 40 平方米的安全住房。待房屋验收合格、交付农户使用后，剩余 3 万元补助资金拨付代建施工单位”的“3 + 1”建房模式，有效解决了家庭人口少、无力建房的贫困户 1123 户。同时为减少困难群众建房负担，充分发挥基层组织作用，以“自建、援建、帮建”的方式，发动亲帮亲、邻帮邻的互助模式，自发投工投劳，共计投入 3 万多个工时。动员机关单位、工商企业、社会各界捐款捐物，有效化解建设资金不足的问题，确保农村危窑危房改造顺利实施。

案例：王乐井乡“四个一批”实现危改全覆盖

2017 年以来，王乐井乡党委、政府采取“四个一批”措施，分群体精准施策，实现危窑危房改造“全覆盖”。全乡总任务 678 户，新建完成 1224 户，完成总任务的 181%，目前入住率达 92%，彻底解决了全乡的危房问题，实现所有农户安全住房有保障。一是政府统建一批。严格落实危

窑危房改造相关政策，将符合统建要求的农户（老弱病残的低保户）全部纳入统建房建设规划，建设36平方米的“交钥匙工程”。共建成统建房58户。二是农户自建一批。对于符合危房改造政策的农户，采取农户自建的方式完成危房改造，政府为所有进行危房改造的农户补贴3万元。自建房完成917户。三是“3+1”模式建设一批。在政府补贴3万元的基础上，针对有建房需求但仍无能力建房的农户，充分发挥村民委员会和基层组织作用，由村委会担保找施工队协调，先建房，后交付农户自筹的1万元，共同解决这部分农户建房问题。“3+1”模式共建成198户。四是乡政府兜底一批。针对无建房能力但不符合政府统建条件的农户，采取乡政府兜底的方式解决建房问题，共建成42户。

四　严格住房安全认定，强化完善农村危房危窑改造工作

组织专业技术人员与乡镇干部，对全县所有住房进行了普查，重点对建档立卡贫困户、低保户、农村分散供养特困人员和贫困残疾人家庭4类重点对象住房现状进行了详细摸底，并由质监部门逐户做出安全住房鉴定。共有各类住房37183户（套），通过入户摸排、现场认定共25179户，33户认定为C级，4户认定为D级。其余全部达到安全住房标准。安全住房率达99.9%。盐池县还严格进行监督管理，建立健全危房改造纪律保障制度。根据《关于盐池县2018年至2020年开展扶贫领域腐败和作风问题专项治理工作的实施方案》盐纪发〔2018〕6号精神，结合盐池县危窑危房改造实际，制定下发了《关于盐池县危窑危房改造领域腐败和作风问题专项治理工作实施方案》，对农村危窑危房改造安全等级鉴定、农村危窑危房改造信息核查和审批、质量安全督导检查、危窑危房改造竣工验收、危窑危房改造补助资金拨付、农户建档等工作全程进行监管。

同时针对乡镇危窑危房改造过程中存在信息审核不精准、农户信息录入错误等情况，由住建局联合多部门不定期走村入户了解危窑危房实际情况，督导检查危窑危房改造过程中存在的问题，建立了“重点事、重点人、重点权”的监管机制，从信息审核、现场验收到资金拨付等所有环节实行全程监管。对危窑危房领域潜在的挪用资金、贪污受贿等情况提前做好预防教育工作，筑牢党员干部为民办事、廉政的工作理念，加强危窑危房领域作风专项治理工作开展，不定期组织党员干部学习党章及纪律处分条例，对危窑危房领域存在的个别干部工作积极性不高、主观能动性不强等问题采取了谈话、教育等方式，确保危窑危房改造从信息审核、施工、验收、资金拨付等环节公平、公正、有序、阳光化推进，用制度抓落实确保危窑危房改造工作有序开展，助推盐池县脱贫攻坚。

案例：大水坑镇推动危房危窑改造，助力贫困人口安居

大水坑镇围绕解决农村危窑危房户和无房户“不愁住”“住房有保障”的问题，以农户自筹为主，以政府补助、政策扶持和社会参与等措施为抓手，坚持统一规划、统一布局、统一标准，严把地基、上下圈梁、构造柱“三个关键环节”，实行建设主体全程监理、责任人员全程监督、镇干部全程服务、受益群众全程参与的“四全程”，对全镇危窑危房进行了拉网式排查摸底，结合农户实际，兜底建设93套；以农户自筹为主政府补助建设2039套；租房补贴45户；购房补贴120户；有偿拆迁危旧房屋农户共计205户978间。“十三五”易地扶贫搬迁工程搬迁71户226人，现已全部搬迁入住，与社会企业达成用工协议，优先考虑搬迁户，解决务工增收问题。

第二节 推进美丽乡村建设，提升农村基础设施公共服务能力

紧紧围绕自治区“规划引领、农房改造、基础配套、收入倍增、环境整治、生态建设、服务提升、文明创建”八大工程要求，自2014年以来，共投入资金4亿元，累计实施了大水坑镇自治区级特色小镇建设1个，大水坑镇、惠安堡镇、高沙窝镇、麻黄山乡美丽小城镇建设4个，完成了美丽村庄建设47个。

一 抓好顶层设计，全面优化乡村布局

按照“因地制宜、集约用地、科学布局、配套建设”原则，结合“十三五”规划编制，将美丽乡村建设融入城乡建设、工业发展、土地开发、生态建设等17个专项子规划。充分考虑村庄的区位特点、产业发展等实际，重点从基础设施、景点设计、民居修缮、立面改造、村庄绿化和特色产业等方面，明确了建设思路和技术细则。完成了《大水坑镇特色小城镇建设规划》《大水坑镇控制性详细规划》《高沙窝镇总体规划》《麻黄山乡美丽小城镇建设规划》等乡镇规划和美丽村庄规划编制工作。

案例：惠安堡镇整合项目资金，全面实现贫困村“五通八有”

惠安堡镇坚持把完善和提升基础设施作为全面实现脱贫摘帽的重要抓手，通过修道路、架管线、建基站、扶协会、配设备等措施，不断加强农村软硬件设施建设，贫困村面貌发生了翻天覆地的变化，农村群众生产生活条件得到切实有效的改善。一是整合一事一议、以工代赈等各类项目资金4760万元，硬化村组巷道33.4千米，新修村组柏

油路23千米、水泥路50余千米、砾石路169千米，实现了全镇所有村组道路全覆盖。二是争取人饮解困项目资金1600万元，建成麦草掌、萌城、林记口子、杏树梁、大坝、杜记沟、四股泉等村人饮工程，新建蓄水池6座，砌筑检查井1052座，铺设供水管线230余千米、入户管线90余千米，解决了7个行政村30个自然村1062户3837人的饮水安全问题，全镇自来水普及率达98%，常住户自来水入户率达100%。三是新建农村通信基站7座，铺设宽带网络光纤130余千米，宽带、网络电视入户1810户，实现了所有行政村宽带网络全覆盖，所有自然村通信信号全覆盖。四是大力实施大喇叭“村村响”、广播电视“户户通”、有线电视接入、无线信号传输工程，加快广播电视进村入户进程，全镇广播电视覆盖率达100%。五是依托国省干道和县乡道路，建设农村客运招呼站12处，镇汽车站每天始发班车45次、经停班车116次，实现了所有行政村通客车。六是大力实施整村推进工程，组建农村扶贫互助社13个、滩羊养殖协会10个、黄花合作社4家，新建农村电商旗舰店、农资农家店46家，为8个贫困村新建光伏电站，每年可为每个村集体增收20万元。深入实施文化扶贫工程，全镇建有乡镇卫生院1所、村卫生室13个、镇村综合文化活动场所14个、健身器材14套。截至2017年年底，全镇所有行政村全部实现了有增收支柱产业、有经济合作组织、有综合服务网点、有文化体育活动场所、有标准化卫生室、有团结干事的两委班子、有集体经济收入，8个贫困村全部有驻村工作队。

案例：切实打通服务群众“最后一公里”问题

青山乡以改善农村居住环境为抓手，以美丽村庄建设和危房改造工程为依托，聚焦农村基础设施发展短板，4年来共整合各类项目资金1.7699亿元，累计新修各级道路

310.76千米，实施美丽村庄8个、环境整治村庄23个，完成危房改造840户、易地扶贫搬迁安置点2个，就近搬迁46户159人，改善农田灌溉面积9800亩，实施骨干坝加固除险工程4个，建成文化广场8处、文化小舞台8处、村级综合文化活动服务中心8处，配套建成村史馆8处、营盘台村标准化服务社区1处，实现了村村通油路、自然村通混凝土路、村村通宽带、户户通自来水和村村有文化活动服务中心及健身锻炼活动场所的目标。每个村都建有标准化村级卫生室，并配备专业村医，村卫生室医疗设备齐全。所有行政村都有直达专线客车，实现了村村通客车的目标。探索政府购买社会化服务的模式，将全乡农村环境整治工作外包给宁夏康洁公司，由宁夏康洁公司负责农村村庄、主干道路的环境卫生保洁和垃圾清运工作，农村环境卫生得到极大改善，农村面貌发生质的变化。

二　抓好基础设施建设，促进城乡公共服务均等化

最大限度地整合各方面力量，坚持每年集中打造30个美丽村庄，力争到2020年，实现全县中心村美丽村庄建设全覆盖，为实现全面小康社会目标奠定坚实基础。坚持把基础设施建设作为推进美丽乡村的中心工作，按照“五通八有”的要求，扎实推进贫困村硬化、绿化、美化等改造，基本实现了贫困村基础设施“七个全覆盖”。

案例：开展村容村貌大改善的攻坚战

大水坑镇抓基础设施建设，新建10万方的垃圾填埋场1处，规范镇区及周边村庄的垃圾处理，采用BOO模式（即建设—拥有—经营）投资3800万元新建污水处理厂1座。对裕民南北街、南环路人行道进行硬化，新修镇区长庆南北路、英才路、金融路、友谊南北路，并做好道路排

水、路灯安装工作。实施完成石油新区4条道路硬化工程。采用PPP模式（公私合营模式）投资6500万元实施镇区集中供热工程，解决好供暖、供气地下官网改造及路面恢复工作。完成全镇村道维修17.6千米，村组道路建设162千米，巷道硬化52千米，全面解决出行问题。

麻黄山乡为切实解决农村留守老人（特别是65岁以上的老人）因子女外出上学、务工无法得到照料及相应造成的留守老人孤独等问题，麻黄山乡党委、政府于2014年5月整合各类项目及社会资金40余万元，依托原县水土保持试验站办公用房改建，按照“五有五配套”标准（有标准化餐厅、有卫生室、有阅览室、有娱乐室、有健身场地；配套床被、配套电视收视系统、配套卫生洁具、配套洗澡设施、配套饮水器具）进行建设，建成老年集中供养宿舍4栋24间，配套建设厨房、餐厅、锅炉房、活动室等附属用房8间，安装健身器材10套。截至目前，已入住65岁以上老年人10户17人。运行以来，按照“政府主导+社会参与+民政救助+子女赡养+村级服务”工作模式，配备院长1名、炊事员1名，入住前与子女签订入住协议，每月缴纳300元生活费。同时，将互助社中的管理费和公益金结余部分同集中供养点的运营管理费用并轨，有效解决了日常运行经费不足的难题，基本实现了农村留守老人“故土难离”的需求和“老有所养、老有所依”的目的。

三　抓好服务提升工作，健全完善配套服务功能

围绕乡村产业发展、公共服务提升等工作，新建改造了一批农贸市场、垃圾中转站、公共厕所等配套设施，完成了新一轮公交改革，实现了所有乡镇、行政村文化广场全覆盖。乡镇共建成无害化垃圾处理场9座、污水处理厂3个、集中供热站1座，其中大水坑镇污水处理厂和集中供热站项目是全区首家采

用PPP模式（公私合营模式）建成的乡镇污水处理和供热设施。

案例：花马池镇优化农村发展环境

花马池镇扎实推进道路改造、农网改造、给排水工程等基础设施建设。新建村组道路447.13千米，实施农网线路151.45千米；完成扬黄灌区和库井灌区高效节水灌溉6.9万亩，完成了排水工程23.2千米。建成美丽村庄、幸福村庄9个；完成了苏步井“十三五”易地扶贫移民搬迁安置点建设，搬迁安置原苏步井5个行政村的114户建档立卡贫困户。采取群众自建、集中建设、易地搬迁等“十个一批”措施，解决了1608户群众安全住房问题，实现了所有农户安全住房有保障；结合盐池县普遍服务村村通光缆和广播电视“村村通”工程，实现了24个行政村无线通信4G网络和146个自然村通信信号全覆盖；结合电子商务“千县万村”扶贫项目建设，先后建成8个村级电子商务服务点和24个农资综合服务代销点；按照“百县万村”综合文化服务中心示范工程“七个一”建设标准，新建改建村级综合文化服务活动室24个、简易戏台20个、活动广场24个。

四　推进农村人居环境整治，改善农村生产生活生态条件

盐池县坚持“因地制宜、突出重点”的原则，以点带面、全面推进，结合美丽村庄建设和旧庄点整治工作，扎实推动农村“脏、乱、差”环境整治工作。2017年共打造农村环境治理示范点27个（含7个乡镇政府驻地所在村）、自然村环境治理达标点300个。以城乡道路排水建设、扬尘污染治理、违法建筑整治、标化工地创建、健康教育普及等具体工作为抓手，集中开展了为期60天的农村人居环境专项整治行动，累计投入整治行动人员22049人、清理垃圾21.8万余吨、清理乱堆乱放

1.58万余处、拆除违章建筑156处5800余平方米、整治户外广告6729处、整治占道经营9852处。同时，又集中开展了为期30天的城乡结合部环境卫生整治行动，累计投入整治行动人员502人、清理垃圾560余吨、清理乱堆乱放385余处、拆除违章建筑10处300余平方米、整治户外广告2156处、整治占道经营765处、清理"三大堆"（柴堆、草堆、土堆）301处。

创新运行机制，推进农村环卫保洁服务市场化运作，确保农村环境卫生保洁长效化良性化。2017年，按照国家关于鼓励环卫市场化改革，推行政府购买服务的有关要求，为建立"政府统一领导、公共财政投入、市场化运作、专业化服务"的环卫保洁工作新机制，盐池县通过社会公开拍卖的方式，每年投资1668.5万元引进宁夏康洁为民环卫工程有限公司全面负责盐池县城市建成区之外所有农村地区的环卫保洁、垃圾清运和无害化填埋作业等。按照乡镇总人数3‰—5‰的比例，由宁夏康洁为民环卫工程有限公司在建档立卡户中轮选配备保洁员，逐步实行"户清扫、员保洁、组收集、村集中、镇清运"的保洁模式。目前累计配备专兼职乡村保洁员1101人，配备手推式垃圾转运车2793辆，设置大型垃圾收集箱5158个，垃圾收集中转站12个，垃圾填埋场16个，保洁覆盖面达100%。强化日常督查。借助城市管理综合执法体制改革的机遇，向乡镇派驻执法中队，并以此为主体，以各级督查反馈意见为导向，持续强化督查力度，实行落实情况"周报、月销号"制度，建立了重大问题会商机制，采取日常巡查和明察暗访相结合的方式，确保整改落实工作有序开展、执行到位。

案例：加大农村环境治理，助力宜居镇村建设

农村环境治理是一项面广量大、任务繁重的系统工程。大水坑镇自开展农村环境治理工作以来，以全镇范围内42个自然村突出的环境问题为重点治理对象，其他村庄长久

持续治理，清理整治人员达864人次，动用大型机械车辆299台次，共清理垃圾1.82万吨，拆除危旧房屋41564平方米，整治乱堆乱放163处、占道经营78处，整治户外广告748平方米，目前所有自然村已彻底整治，村容村貌焕然一新。

花马池镇盈德村道路坑洼不平，排水不畅，路基地高于宅基地，如果遇到大雨会造成屋内积水。党支部书记杨文志积极联系扶贫部门、帮扶部门围绕各项扶贫政策，结合整村推进项目。他多处奔走最终联系到区环保厅，筹资1134万元，对盈德村进行污水管网改造8800米，不仅解决了盈德村村民排污难、出行难等问题，并惠及了周边三个行政村。由于五队、六队村民是移民搬迁过来的，大多数农户住房已变成危房，遇到大风大雨随时有倒塌的危险，村支部先后多次奔走争取改造，2014年实施整村推进项目及美丽村庄建设，对五队、六队的危房进行整体改造，在相关部门的大力支持下，累计投资750余万元，其中政府补贴2.5万元，群众主动筹集资金每户3.5万元，利用40天时间，对现有的121户危房户进行集中改造，硬化村庄巷道11.85千米。以改造成本最低、工程质量最好改善了村民的住房条件。

第七章　深化"三先开路"，注重精神扶贫

盐池县坚持脱贫是底线、富民是关键，围绕扶贫先扶志、治穷先治愚、脱贫先脱旧，进一步激发脱贫内生动力，既要让群众"富口袋"，也要"富脑袋"，真正让群众有尊严的脱贫致富。

第一节　立足扶贫先扶志，激发脱贫内生动力

贫困群众"穷"首先"穷"在思想、意识和志气上，缺乏敢富、能富、善富的精气神和心气劲。

一　解决部分贫困群众存在精气神不足、"等靠要"思想等问题

坚持党建带扶贫，深化基层党建强龙工程，探索建立以村级党组织为核心，种养基地、合作社等为支撑的"一核多元"扶贫组织体系，把支部建到金融链、产业链上，使村党组织真正成为带领群众脱贫致富奔小康的主心骨。坚持"要富口袋先富脑袋"的思路，组织开展"三先开路话脱贫"主题巡回宣讲活动，让致富典型登台宣讲，用身边人讲身边事，用身边事教育感化身边人，采取党员"1+1"、干部帮扶等模式，由以往的给钱给物变为解心结、树观念、开思路、增信心，以良好党风

促政风带民风。

案例：花马池镇抓精神扶贫，增强脱贫致富精气神

花马池镇围绕“乡风民风美起来、人居环境美起来、文化生活美起来”的要求，建立健全各村移风易俗“四会一约”制度，依托基层综合文化活动中心，编排群众喜闻乐见的三句半、快板、小品等文艺节目，持续开展“送戏下乡”“脱贫摘帽文艺巡演”“脱贫致富大讲堂宣讲”等活动，加大城乡环境卫生综合整治，创新诚信模范、最美家庭、星级文明户、无毒无访乡村等评选方式，通过选树典型、表彰奖励慰问，教育群众转变观念、破除陋习、增强信心，树立勤俭持家、尊老爱幼、保护环境、邻里和睦的意识，并结合全县贫困群众脱贫激励机制，引导群众把精力集中到脱贫致富上来，切实提振贫困群众脱贫致富的“精气神”。

二　解决贫困群众人穷志短的问题

按照“特惠+普惠”的原则，出台特色产业菜单式扶持政策，对所有农户实行县级主导产业政策“全覆盖”，对贫困户实行所有产业政策“全覆盖”，推动以滩羊为主导，黄花、牧草、小杂粮、中药材为辅助，适合家庭经营小品种为补充的“1+4+X”特色优势产业做大做强，早干早支持、多干多支持，最大限度地激发贫困户由“要我富”向“我要富”转变。

案例：让“扶智扶志”成为助力脱贫的坚实基础

树争一张皮，人争一口气。人的精神很重要，有了自尊自强自立的信念，才会催生脱贫致富的内生动力。高沙窝镇坚持精神脱贫和物质脱贫同步推进，帮助群众解心结、树观念、开思路、增信心，激发内生动力，提升脱贫致富

的能力。大力开展“三先开路”教育实践活动，加强对贫困户的思想观念、法治意识培训教育，通过干部帮扶、政策宣传、民风教育轮训等方式带动引导贫困户更新观念，靠双手实现脱贫致富。一是深入实施“三个带头人”工程。选优配强村党组织带头人 9 名，树立了农村致富带头先进典型 9 名、表彰了 42 名民风建设先进个人。二是积极开展民风教育实践活动。借助高沙窝镇建成的全区首家乡镇级民风教育基地和道德讲堂，利用鲜活的事例对全镇党员干部、农民群众、青少年进行思想道德、遵纪守法、移风易俗、崇尚文明等方面的教育。让群众感受“德”的“正能量”、“美”的“正引导”，引导群众积极主动脱贫致富。

三 解决贫困群众缺乏诚信的问题

将诚信建设与金融扶贫有机结合，探索建立了乡村组户四级信用体系，将全县所有农户的信用情况由低到高分为四个信用等级，实行贷款额度、利率优惠、享受政策与信用等级挂钩，解决贫困群众贷款难的问题。全县共评出信用乡镇 8 个、信用村 92 个、信用组 525 个、信用户 4.2 万户，均达 90% 以上。盐池县利用评定的诚信体系，对 60—70 岁有发展能力的 2255 户建档立卡贫困户进行二次授信，累计为其发放贷款 5683 万元。不仅解决了群众发展资金难题，也增强了群众的诚信意识、发展意识，极大地激发了群众脱贫内生动力。

第二节 立足治穷先治愚，筑牢脱贫富民根基

脱贫致富要先治“愚”，才能从根本上拔掉“穷根”。盐池县坚持思想引导、基础教育、技能培训、职业教育四措并举，形成了群众同心同向、同频共振的良好局面。

一 大力实施“示范带动”工程

结合精神文明创建活动，常态化开展新乡贤村贤、“最美盐池人”“诚实守信模范”等先进典型评选活动，表彰奖励各类道德模范82名，5名道德典型入选“中国好人榜”“全国好警嫂”，进一步激励引导贫困群众解放思想、转变观念，向先进典型看齐，让群众在耳濡目染中提升文明素养，从思想深处想脱贫、盼脱贫。

案例：青山乡发挥典型示范引领的标杆作用，充分发挥基层党建带动能力

青山乡紧扣“围绕脱贫抓党建，抓好党建促脱贫”的党建促脱贫工作思路，持续推行“党支部 + 公司 + 合作社 + 贫困户”的党建助脱贫模式，把党支部建立在产业链、金融链上，不断发展壮大村集体经济，加强农村“三个带头人”队伍建设，把党员培养成致富能手，把致富能手发展成党员，扎实推进“党带群、强带弱、富带贫”的良性循环机制，实现共同富裕的目标。进一步加大村级组织协调能力和服务职能，积极鼓励贫困户走土地流转和“企业 + 农户”“集体带农户”的发展模式，建成古峰庄村级农业机械专业合作社、旺四滩村土地流转及资本入股养牛、营盘台村大拱棚建设和郝记台村生态休闲旅游等村集体发展模式，在每个村有光伏发电和互助资金等村集体经济27万元的基础上，积极争取旺四滩村集体经济200万元，采取购买肉牛入股企业代养年分红20万元，营盘台村集体经济200万元，集中新建大拱棚100座，流转给有积极性的贫困户种植利用，年创收25万元等村集体经济模式，不断发挥村集体经济造血功能，有力推动村级各项事业健康快速发展。

二　大力实施“育人塑魂”“育人塑才”工程

扎实开展教育扶贫工程，按照《自治区教育精准扶贫“十三五”行动方案》要求，严格落实从学前至大学、就业的16项教育精准扶贫政策，近两年累计资助贫困生8.2万人次，义务教育阶段基本实现“零辍学”，“两后生”全部享受县内免费职业教育，让贫困家庭的孩子上好学、能就业，从“根子上”斩断穷根。整合“雨露计划”、企业用工培训等各类资源，将全县有劳动能力的贫困群众全部纳入职业技能培训，针对不同年龄阶段和文化层次，开展订单、定岗、定向、菜单式培训，先后举办中式烹饪、驾驶培训、刺绣等各类培训班102期，培训贫困群众1.2万人次。目前通过培训实现稳定就业1525人，其中建档立卡户465人，真正让贫困群众都有拿得出手、立得住脚的一技之长。

案例：青山乡实施精神扶贫，不断激发群众内生发展动力

青山乡深入开展村风民风建设活动，通过建立村规民约、选树道德典型、民风道德评比以及到各村集中开展“三先开路话脱贫”演讲、农民趣味运动会和大张旗鼓表彰致富带头人等形式，弘扬新风尚，宣传新思想，让群众意识到幸福是干出来的，不是等靠要得来的，进一步激发群众牢固树立“脱贫先脱旧，治贫先治愚，扶贫先扶志”的脱贫思想和致富理念，全面激发群众内生动力，树立好日子靠干、新生活靠拼的意识，让贫困群众盼脱贫、想脱贫、争脱贫，靠自己的双手有尊严的脱贫。积极推行古峰庄村红白理事会示范村和旺四滩村移风易俗示范村的经验做法，大力开展“换脑子、强身子、学样子、评孝子、破面子”等民风评比活动，积极引导农村彩礼不高于5万元、人情

礼金不高于200元、过事定“规矩”等婚丧嫁娶量力而行等农村良好风俗习惯，让移风易俗成为农民的自觉行动，不断实现精神文明建设村全覆盖。2017年古峰庄村被中央精神文明建设指导委员会授予“全国文明村”称号，郝记台等6个村先后被评为“县级文明村”。

案例：青山乡大力培育农村新型经营主体

青山乡先后培育王秉生、卢根等特色大拱棚种植大户26户，罗向文、刘向文等滩羊养殖大户146户，李向成、侯秉垠等生猪养殖大户14户，石长增、牛万军等肉牛、肉驴养殖大户6户，陈纪元、刘贵等返乡创业合作社、家庭农场带动脱贫致富户9户，辐射带动农户426户，合作社和致富带头人的示范引领作用成效显著，形成了“大户带小户、富户帮穷户、先富带后富、实现共同富”的喜人局面。做大做强一批专业合作社和龙头企业，先后引进宁夏金昌、宁夏拓明等大型农业龙头企业4家，支持发展古峰庄土地股份合作社、盐池丰收农业机械合作社等8家农业合作社，走土地流转和劳务就业双增收的路子，旺四滩村土地流转一项收入人均达2000元以上，不仅解决了土地闲置和种植玉米效益低下的问题，也盘活了无力耕种和撂荒土地的土地股份合作效益，而且解放出剩余劳动力实现就地劳务输出增收的目标，构建了有效的利益联结机制和营销体系，不断提升对脱贫致富的辐射带动力，达到户户有持续稳定的增收门路，实现“土地流转让农民稳赚，就地打工让农民好赚，综合发展让农民多赚”的扶贫目标。

案例：麻黄山乡全力实施劳务输出和培训工程

麻黄山乡进一步整合资源，转变服务模式，灵活输出方式，累计完成贫困人口技能培训1000人次以上，转移就业2000人次以上，指导扶持自主创业50人次以上。截至目前，已完成贫困人口技能培训821人次，转移就业1713人，其中就地安置护林员62人，看井工35人。

第三节　立足脱贫先脱旧，架起乡村振兴支点

一　文化惠民强根基

盐池县正视“弱鸟”现实，树立“先飞”意识，全力推进农村现代化建设。致力于深入推进公共文化服务体系建设，新建县文化馆、图书馆等基础设施，对全县102个行政村文化站进行改造提升，实现县乡村三级公共文化服务网络全覆盖。进一步放大盐池元素，常态化开展盐州大集·民俗嘉年华、滩羊美食文化节等特色节会，创新“互送共享”文化惠民模式，打造广场文艺演出、农民文艺会演等六大文化惠民品牌，年均送戏下乡70余场次、举办广场文化活动60余场次。创作歌曲、小品、演讲、快板等文艺节目，开展脱贫攻坚文艺宣传活动，大力宣传党和政府的脱贫富民政策，树立自强自立的观念，鼓励贫困群众依靠自己的双手勤劳致富，培养贫困群众自强意识。

案例：大水坑镇推动村级综合文化服务中心建设，文化助力精神脱贫

大水坑镇严格按照“百县万村”综合文化服务中心示范工程“七个一”标准，因地制宜推进基层综合文化服务中心建设，把服务群众同教育引导群众相结合，把满足需求同提高素养相结合，促进基本公共文化服务标准化、均等化，使基层公共文化服务得到全面加强和提升，现已完成了15个村和社区文化室、文化广场和戏台建设任务，图书、文艺器材、广播影视器材也已全部配齐到位。

案例：高沙窝镇围绕党建抓民风建设影响力

高沙窝镇加大文化设施和公益活动投入。对各村村级文化设施进行了完善，全镇形成了镇有文化活动广场、村

有乡村大舞台、组有文化活动小广场、文化大院、户有民风教育读本的文化建设体系。县委、县政府组织的“感恩奋进：我的脱贫故事”主题巡回宣讲，高沙窝镇组织成立的脱贫富民巡回宣讲团先后深入各村开展了巡回宣讲活动9次，各村组织开展“庆三八”“庆七一”等扶贫主题活动30余次。2017年高沙窝镇打造民风教育基地，对所有干部、党员、群众、学生进行教育达3200余人次；村级打造民风教育室和民风教育墙；户发放民风教育读本4000余本；评选表彰道德模范和民风建设先进个人52名，用身边的事教育身边的人。

案例：麻黄山乡实施精神文明建设工程

麻黄山乡紧紧围绕“乡风民风美起来、人居环境美起来、文化生活美起来”的要求，依托麻黄山道情、快板、三句半等群众喜闻乐见的形式，继续开展“脱贫摘帽文艺巡演”“脱贫致富大讲堂宣讲”等活动，持续推进移风易俗转变，进一步转变乡村奢靡攀比现象，创新开展农村精神文明“十个最美”评选表彰活动，通过选树典型，进一步引导群众树立勤俭持家、尊老爱幼、邻里和睦意识，并结合全县贫困群众脱贫激励机制，进一步提振贫困群众“精气神”。同时，结合区县文化扶贫工程，整合各类项目资金330万元，高标准完成了村级文化活动阵地建设，进一步夯实了村级公共文化服务体系。13个村级文化服务中心建设项目已全面完工并投入使用。

二　移风易俗树新风

针对部分乡村婚丧嫁娶大操大办，人情礼金居高不下等旧习惯、旧陋习，大力践行社会主义核心价值观，出台《关于推动移风易俗　树立文明乡风　助力脱贫攻坚指导意见》，充分发挥“文明公约”“乡规民约”等作用，成立禁赌禁毒会、红白理事会，引导群众简办婚丧嫁娶事宜，全面提升农村精神文明建设水平。建立高沙窝镇民风教育基地、拍摄移风易俗主题微电影、出版《盐池乡贤文化系列集》等，在全县营造崇尚文明新风、破除陈规陋习的良好氛围。

案例：王乐井乡倡导乡风文明，推动物质精神全面脱贫

为大力营造打赢脱贫攻坚战的舆论氛围，王乐井乡深入挖掘一批致富故事，促使口袋、脑袋共同富裕，树立先进典型，形成学先进、比致富、精神与物质同步脱贫的扶贫工作高潮。王乐井乡结合实际，动员各村积极组织开展了“清洁家园行动”、讲述致富故事助力脱贫攻坚、开展道德讲堂活动三大类10个小活动来丰富农民群众精神文化生活，最终共评选出“清洁宜居家庭”“讲述致富故事演讲家”“最美党员”“最美移风易俗带头人”等45户71人，并对评选的结果进行表彰与宣传。通过深化先进典型评选活动、实施文明创建工程、推进农村精神文明“九个一”阵地建设、开展全民阅读系列等活动大力深化乡村文明创建工作，展示了广大群众奋力奔小康、共筑富裕梦的精神风貌，极大地增强了群众脱贫致富的信心，物质脱贫和精神脱贫同步推进，最大限度调动全社会积极性，凝聚强大正能量，合力攻坚，实现率先高标准脱贫摘帽、率先在全县8个乡镇中建成全面小康社会的目标。

案例：青山乡加强政策宣传，有效提振贫困群众脱贫信心

青山乡通过进村入户宣传政策、醒目地方粘贴政策、制作口袋书、印发宣传册等形式加强对各项扶贫政策的大力宣传，坚持每一位帮扶干部都要当好“村情民意的调查员、扶贫政策的讲解员、帮扶计划的指导员、精神文明的

宣传员”的“四员”干部，精通扶贫政策，及时宣传政策，不但自己精通扶贫知识和政策，更重要的是通过帮扶责任人要让群众知道种什么补、养什么补、怎么补、补多少等一系列扶贫政策和惠民政策，在扶贫政策补助和推动下，鼓励群众大力发展扶贫增收产业，提高群众发展产业的积极性和主动性，使扶贫政策成为加快脱贫富民进程的助推器。

三 改善环境立样板

深入开展“蓝天碧水、绿色城乡”环保专项整治行动，推进农村环卫保洁专业化、常态化，全面提升乡村振兴的生态环境。坚持“大卫生、大健康”理念，大力实施健康扶贫工程，所有行政村标准化卫生室实现“全覆盖”，建立了“四报销四救助”体系，为贫困群众建起健康脱贫“防火墙”。合理定位各村庄主题特色，编制了《盐池县镇村体系规划（2012—2020年)》，大力实施基础设施改造提升工程，做到村庄布局、村落规划、民居功能设计与产业发展相配套，农村承载能力、服务能力和发展能力不断提升。

案例：完善公共服务，激发内生动力

冯记沟乡农村信用社、劳务派遣、电子商务等均在各村设立了综合服务网点，全乡8个行政村银行便民服务网点、电商服务站、农资商店及生活用品商店全覆盖，方便了群众就近快捷办事，真正实现足不出村满足农户所有生活需求。以创建国家公共文化示范区为契机，新建5个村级综合文化活动中心和8个百姓文化大舞台，组织开展“携手脱贫路，共筑小康梦”文艺巡演活动。冯记沟、平台、马儿庄等村依托广场舞等群体活动，宣传惠农政策，丰富文化生活。随着农村基础设施的不断改善和农村群众生活水平的稳步提高，广场舞已不再是城市居民的专利。加快推进乡村医疗卫生基础建设，筹资3万元新建乡卫生院中医馆，8个村均建有标准化卫生室，配有村医，乡卫生院新配备救护车1辆，全乡1806名贫困群众全部落实家庭签约医生服务，并定期开展送医药下村、免费体检等活动，农村医疗卫生条件大幅改善。狠抓精神扶贫工作，采取党员“1+1”、干部包扶等多种形式，改变扶贫工作由以往的给钱给物向解心结、树观念、开思路、增信心转变，帮助群众树立想富、敢富、能富的心气劲。在丰富群众文体生活的同时，使乡风民风进一步转变，贫困户脱贫致富内生动力不断增强。在各村开展“三先开路话脱贫”等主题巡回演讲等活动，通过制定村规民约，编排歌曲、小品、快板等形式，开展脱贫文艺宣传、脱贫典型户现身说法、贫困学生与家长“小手拉大手”等活动，不断强化正面引导，教育群众听党话、感党恩，鼓励贫困群众依靠自己的双手苦干实干、勤劳致富。

案例：高沙窝镇让基本公共服务提升成为脱贫致富的基本保障

要想富，先修路。道路交通等基础设施建设对于农村发展和农民增收意义重大。通路、通电、通水、通电视、通电话、通互联网。新时代的新农民需要上信息高速公路，所以，对通互联网的需求更高。在自治区和盐池县的大力支持下，高沙窝镇2016年投入2300万元硬化村道巷道81千米，2017年投入1600万元硬化村道巷道53千米，全镇自然村硬化路和巷道硬化116.75千米，村级砾石路33千米，实现行政村通柏油路、自然村通水泥路或砾石路；自来水全部入户；手机信号全覆盖，电信互联网光缆到村到户；村村通卫星接收设备；交通便利，客车方便通达主干道沿线的每一个自然村。2014年以来，全镇累计完成农村危窑危房改造400户，完成易地扶贫搬迁35户89人，确保所有建档立卡贫困群众住房安全有保障。同时，大力实施兜底保障工程，对完全或部分丧失劳动能力的贫困人口，实行“两线合一”政策兜底，对符合低保条件的贫困人口全部纳入低保保障，将建档立卡户中的412户736人纳入农村低保范畴，占建档立卡贫困人口的25.8%，通过政策性收入和子女供养，人均收入达5000元；有54户94人痴呆傻、老弱病残、自身发展能力严重不足，通过发放临时救助金，实施“屋顶光伏”、鹌鹑养殖项目，纳入低保兜底等政策，实现了稳定脱贫，占建档立卡贫困户的4.9%。

第八章　发挥党建倍增效应，为脱贫提供坚强组织保证

盐池县坚持把全面决战贫困、同步建成小康作为全县各级组织和广大党员干部的共同使命，积极探索创新党建模式，推进基层党建与精准扶贫、精准脱贫深度融合、互促共进，切实推动党的政治优势、组织优势、密切联系群众优势转化为脱贫攻坚的发展优势，集全县之智、举全县之力坚决打赢脱贫攻坚战。

第一节　凝聚思想自觉和行动自觉

始终坚持扶贫与扶志、扶智相结合，扎实推进“两学一做”学习教育常态化制度化，深入开展“三先开路”专题教育，提振党员干部打赢脱贫攻坚战的“精气神”，激发贫困群众脱贫致富的“原动力”。

一　提高党员干部的政治站位

各级党委（党组）中心理论组坚持把习近平总书记系列讲话精神特别是扶贫开发理论作为学习研讨的必修课，坚持以上率下、凝聚思想共识。在各支部推行“5 + X”主题党日和“三会一课”融合机制，在全县党员干部中深入开展“振奋精神、实干兴宁”大讨论活动，教育引导广大党员干部不忘初心、牢

记使命、对党忠诚，积极投身脱贫攻坚战。2014 年以来，各级党组织围绕“三严三实”“六查六看六树”“四个合格”等专题，组织开展学习研讨3300余场次、讲党课3500余次，推动习近平总书记系列重要讲话精神、党的十九大精神和自治区第十二次党代会精神入脑入心见行动，成为广大党员干部抓党建促脱贫攻坚的指明灯和行动指南。

案例：高沙窝镇围绕党建抓支部班子凝聚力

高沙窝镇结合“两学一做”学习教育和党员教育积分制试点工作，认真做好“评星定格”、党组织和党员服务承诺、无职党员设岗定责、结对帮扶贫困党员、党员纳新等工作。截至目前，共发展党员4名，预备党员转正3名。加强驻村第一书记的管理和培训，严格考勤考核制度，确保第一书记住下来、起作用；针对第一书记农村工作经验较少、人员更换等情况，每月集中对他们进行培训2次，增强第一书记抓脱贫攻坚的能力。

案例：牢固树立“抓党建就是抓扶贫”的理念

冯记沟乡结合“两学一做”学习教育，广泛开展“三大三强”行动、“三个带头人”工程，选优配强班子，管好队伍建设，整顿软弱涣散班子，使基层党组织建设成为带领群众脱贫致富的坚强战斗堡垒。探索“党建+”模式，把党支部、党小组建在扶贫链上，互融互促，同频共振。集中整顿转化软弱涣散基层党组织1个。坚持把发展壮大村集体经济作为增强农村基层党组织服务保障能力的突破口。先后组织开展强村带弱村、农村党员助力脱贫义务宣传等多项活动。全面加强驻村第一书记日常管理，严格落实考核制度，激发驻村干部工作动力；对不能胜任的，进行驻村调整和单位召回，与村级形成推动脱贫攻坚合力。结合村级服务型党组织建设，着力培育冯记沟乡“滩羊肉”

“胡麻油”“颗粒全价饲料”等农产品品牌，目前全乡8个行政村年村集体经济收入最低达8万元，最多突破20万元。2017年各行政村共为农户缴纳大病补充保险和家庭意外伤害保险22.3万元，为脱贫富民提供了坚实保障。

二 与基层群众沟通形式多、方法活、载体新

以“四个善于”严格要求党员领导干部。一是善于运用群众听得懂的通俗语言。引导全体干部在与群众进行沟通和交流时善于运用群众听得懂的通俗语言，让群众真正了解党的主张和意图，化解心中疑虑，使群众知道自己应该做什么，怎么做，从而达到宣传、发动的目的。自觉放下“官架”，少说“官话”，禁止说大话、空话、假话、废话。

二是善于带着情感与群众加强交流。有效沟通与交流，必须带着情感进行。群众在我们心中的分量有多重，我们在群众心中的分量就有多重。带着情感与群众进行沟通和交流，远远胜过无数华丽的辞藻、美妙的语言。要求全体干部始终把人民群众的安危冷暖放在心上，关心群众疾苦，在工作中脚踏实地、埋头苦干，努力追求实实在在的业绩，杜绝劳民伤财的“形象工程”和“政绩工程”，满腔热忱地为群众办实事、办好事。

三是善于倾听群众的意见和建议。要求领导干部与群众进行沟通和交流，做到尊重对方，深入实际，走到群众中，与群众打成一片，了解群众的真情实感，善于倾听群众的意见与建议，与群众平等对话，特别是在与群众沟通交流时，面对不同于自己的想法和观点时，更需要有容人的雅量，心平气静地听取群众的不同意见和观点，通过摆事实讲道理，达到有效沟通的目的。

四是善于掌握与群众进行沟通交流的新技能。要求领导干部要加强学习，掌握包括网络在内的各种先进的沟通交流工具方面的知识，学会运用各种现代先进的沟通方法和技巧，充分

运用网络进行交流，不断扩大与群众沟通交流的渠道，更有效地做好群众工作。

案例："零遗漏、零距离、零干扰"

2017年5月以来，王乐井乡强化工作举措，狠抓工作落实，采取"零遗漏、零距离、零干扰"措施，严字当头，倒逼干部工作重心下移，转变工作作风和方法，确保各项扶贫措施不打折扣，全面落实。一是帮扶"零遗漏"。班子成员包片，第一书记和乡干部包村定户、村干部包组定户、帮扶责任人包户，建立层层责任链，紧盯工作落实，确保贫困户"零遗漏"帮扶，帮扶责任"零遗漏"落实。二是沟通"零距离"。全体乡干部工作重心下移到所包村办公，实现对贫困户的"零距离"交流与帮扶。制定每周五汇报制度，第一书记通过微信群向乡党委汇报危窑危房改造数量、为群众增收等情况，实现"零距离"工作交流。三是工作"零干扰"。在集中攻坚期间原则上不再召开安排部署类会议，利用互联网建立"王乐井乡党委政府工作群""第一书记群"等微信群，即时通知工作安排，及时通报工作进度，让乡村干部全身心投入到脱贫攻坚工作中，将工作任务抓紧、抓实、抓好，用时效说话。

案例：麻黄山乡开展了"八个一"活动

为使贫困群众更全面地掌握各项惠农政策，麻黄山乡全年梯次开展扶贫政策宣讲"八个一"活动（即制作一份宣传折页、传送一条政策信息、打造一条政策长廊、开展一次专项巡演、印制一本口袋书、召开一次专题培训、按季宣讲一次富民政策、制订一项帮扶计划），切实做到各项政策宣传"全覆盖"。截至目前，已入户发放精准扶贫惠农帮扶政策一览表3000余份；传送政策宣传信息近1万条；扶贫政策宣传长廊已经投入运行；已开展脱贫攻坚文艺巡演17场次；印制下发口袋书1600余本；专题培训村组干部、第一书记等1000余人次；开展富民政策宣传9场次，参加人员达1100余人次；制订并及时调整1262户帮扶计划已全面落实到位。

三 转变贫困群众的思想观念

深入开展“育人塑魂”工程、“诚信盐池”建设，采取党员“1+1”结对帮扶、县直机关干部和驻村第一书记入户宣讲、文艺演出宣传引导等多种形式，让脱贫攻坚政策家喻户晓，引导贫困群众改变被动、依赖、观望心理。对致富带头人、脱贫示范户进行表彰奖励、走访慰问，深入开展“三先开路话脱贫”主题巡回宣讲活动，组织61名脱贫致富典型深入各行政村讲述从贫困到脱贫的心路历程，激励贫困群众学典型、找差距、引共鸣、树信心，迸发内生动力、提振脱贫信心。

案例：大水坑镇做足思想工作，端正脱贫意识

大水坑镇统筹抓好村风民风及基层干部队伍建设，通过政策外力引导帮扶“惰性”贫困户自主脱贫，建立正向激励机制，制定移风易俗约束规定，对率先脱贫的贫困户给予奖励，实行多干多支持、少干少支持、不干不支持，打破无差别对待的格局，激励贫困群众自主脱贫意识。

四 推动社会风气向上向好

深入开展“推动移风易俗，树立文明新风”活动，依托102个村级综合文化服务中心，经常性开展文艺下乡、农民文艺会演，宣传脱贫攻坚政策、弘扬优良社会新风，活跃群众文化生活。各村党支部引领制定村规民约，设立红白理事会，成立禁赌禁毒会，规范群众日常行为，摒弃陈规陋习。各级党组织常态化开展新乡贤村贤、“最美盐池人”、致富带头人、“诚实守信

模范”等先进典型评选活动，表彰奖励各类道德模范82名，6名道德典型入选“中国好人榜”“全国好警嫂”“全国向上向善好青年”，有效激发了贫困群众勤劳致富、求美求变的生活激情。

案例：大水坑镇抓基层党组织建设，促民风转变

大水坑镇结合乡村振兴战略，构建强有力的基层党组织，为实施脱贫富民提供坚强的基层组织保障。一是发挥党组织引领作用，党员率先垂范，增强服务意识、规矩意识，转变工作作风，提升服务能力，履行“服务员”职责。通过想百姓之难、解百姓之忧、做百姓所向之事，提高群众政策知晓率、工作满意度、服务认同感。二是围绕“三先开路”的指导思想，开展“家风、民风、村风”教育，推行“致富带头人”“孝德家庭”等评选活动，传递正能量，树立新风尚。激发群众“想干事、敢干事”的热情，扶起自主脱贫的“志气”，增强了内生动力。在群众中形成脚踏实地、主动作为的良好风气，有效消除了慵懒散、等靠要、吃救济等不良思想，脱贫由被动变主动。三是通过开展打黑除恶专项行动，用对黑恶势力绝不手软的态度，拔除身边毒瘤，遏制不良风气，引导正向发展，提升群众安全感、归属感。四是规范镇村组三级干部工作作风。召开党员会议，严肃组织纪律，规范干部行为，提升服务意识、自律意识。处事为民，公平公正，树立组织正面形象，提高政府公信力，提升群众认可度，拉近干群关系，重树淳朴民风。

第二节　筑牢组织基础和服务基础

盐池县始终把建强基层组织、增强服务能力作为打赢脱贫

攻坚战的重中之重，坚持问题导向，解难题补短板，抓基层实基础，持续提升基层党组织的组织力。

一 抓班子带队伍

精准对标脱贫攻坚和产业发展需求选干部、配班子。结合乡镇换届，选拔 12 名优秀大学生村干部、乡镇优秀事业干部、优秀村党组织书记进入乡镇班子，目前乡镇班子中有乡村工作经历的干部占 74.3%，大学及以上学历的干部占 87.8%。深入开展“双带双培”活动，选拔 44 名“三型”村党组织书记、137 名农村致富带头人进入村“两委”班子，先后调整不胜任村党组织书记 8 人、其他班子成员 17 人，连续举办四届村干部大专函授班，有 338 名村干部取得了大专学历，着力建强脱贫攻坚“一线指挥部”。盐池县扎实开展星级基层党组织创建活动，将扶贫工作纳入村党组织星级考评，对于被命名为“三星”“四星”“五星”的村党组织，分别给予 0.5 万元、1 万元、2 万元资金奖励。目前，102 个村党支部有 91 个创建为星级党组织。大力实施创建基层服务型党组织“五百工程”，按照“一支部一特色”，打造村级党建示范点 18 个；采取领导干部联村抓、挂职干部驻村抓、乡镇干部包村抓等措施，整顿转化相对后进党组织 33 个，树立典型样板、补齐后进短板，抓两头带中间，推进基层党组织晋位升级，逐步消除脱贫攻坚、实现同步小康的障碍。

案例：帮钱帮物，不如帮助建个好支部

高沙窝镇牢固树立“围绕扶贫抓党建、抓好党建促脱贫”理念，结合“两学一做”学习教育，广泛开展“三大三强”行动、“三个带头人”工程，选优配强村党支部书记 9 名，精准选派第一书记，培育致富带头人 9 名，强化党组织建设基础保障，积极推进抓党建促脱贫各项任务落实，充分发挥党组织战斗堡垒和党员先锋带头作用，党建根基的夯实成为脱贫攻坚的助推器。高沙窝镇利用每月25日的“5+X”党员活动日，在“三会一课”上议脱贫讲脱贫，引导贫困户转变思想，树立脱贫信心；各村党支部都在村部醒目位置设立脱贫致富光荣榜，注重宣传脱贫致富典型；按照二步坑、长流墩支部+旅游，大疙瘩、高沙窝支部+特色种植，南梁支部+光伏扶贫，李庄子、施记圈、宝塔、营西支部+滩羊养殖示范村的基本思路，培育优势特色产业，切实发挥围绕党建抓脱贫攻坚导向力。

案例：王乐井乡“支部+”模式抓党建促进物质、精神同步脱贫

王乐井乡党委实行党建工作联系点和扶贫工作联系点的有机整合，始终坚持“支部+”模式，不断创新、推出新举措，切实加强对王乐井乡各基层党组织的建设，全面壮大村级党组织力量，带动贫困户进入新时代。一是“支部+扶贫”桥头堡模式。切实加强基层党组织在脱贫富民任务中中流砥柱作用，由村党支部牵头，依托产业园区、滩羊合作社等经济组织，主导各村特色产业发展，进一步夯集体经济基础，为农户提供更加持久稳定的增收渠道。截至目前，培育完成6个行政村的集体实业经济。采取“支部+龙头企业+基地+农户”的模式，重点对王吾岔村1601亩枣树区进行嫁接改良、围栏、滴灌改造，鼓励企业发展林下滩鸡养殖，由支部担保，群众以滩鸡和土地入股分红，户均增收1200元。采取“支部+工厂”模式，依托200万元扶持资金建设曾记畔村柠条加工厂，降低养殖户生产成本，带动300余户农户增收。“支部+设施农业”官滩村党支部组织流转土地50亩，依托150万元扶持资金建设日光温室，打造设施农业示范点。“支部+观光农业”刘四渠村党支部依托扶持资金180万元，建设日光温室32座、

蓄水池1座，继续带动全村贫困户拱棚种植积极性，持续撬动种植户收入，村集体每年从管理费收入中留存一定的经济收入。同时，由党支部牵头，以股份合作制的形式吸收本村农户成立拱棚产业发展协会和滩羊产业发展协会，扭转全村分散种植销售局面，以协会为中心形成合力。积极打造刘四渠郭记洼村民俗旅游示范村，通过深入挖掘自然、历史、人文等资源，兴建乡村游、生态游、农家乐、采摘园等项目，大力发展田园经济、观光经济，开辟集体增收新渠道。通过举办旅游节、文化节等活动，繁荣农村商贸文化，增加村集体经济收入。石山子扶贫饲草料（柠条加工）配送中心运行方式采取“支部+合作社+农户”的运作机制，即合作社以成本价为王乐井乡建档立卡贫困户提供饲草料配送服务，支部协调乡政府按照配送量给予合作社加工配送补助每吨200元（其中环林局柠条平茬项目每亩补助15元，1吨为150元，乡政府每吨补助50元）；或农户自己提供柠条2吨干草和200元加工费换1吨干草饲料。截至目前已平茬柠条4000余亩，有190余吨柠条饲料配送至石山子、曾记畔等村110余户建档立卡贫困养殖户，养殖户户均配送近2吨，有效解决了贫困户养殖饲草料短缺的问题。实现了基层党组织建设与产业发展的有机统一，推动脱贫攻坚取得实效。二是“支部+民风”指明灯模式。开展活动提振精神，以刘四渠村为例，在全乡范围内连续两年开展“讲述致富故事　助力脱贫攻坚”主题演讲比赛与“欢喜过大年”卫生大扫除比赛，激发群众活力，主动脱贫。2018年新建刘四渠村党建文化广场，集中展示党建活动成果，推选各类模范人物上荣誉墙；通过系列活动激发群众积极主动奔小康的活力。阵地建设夯实基础，按照“服务区域最大化、办公面积最小化、社会效益最优化”要求，加快200平方米以下村级组织活动场所新建或改扩建力度，以官滩村“文化综合中心”和“文化大院”为例，按照国家“七个一”创建标准，结合全乡实际，在13个行政村中均建设了综合文化服务中心，切实发挥村级组织活动场所脱贫攻坚“司令部”的作用。

案例：花马池镇健全脱贫攻坚支撑体系

为确保脱贫攻坚工作稳步推进，花马池镇党委、政府切实加强组织领导，强化组织保障，严格责任落实，量化考核监察，营造良好氛围，调动和凝聚各方力量共同打好脱贫攻坚战。花马池镇建立组织机构保障，调整了脱贫攻坚工作领导小组，建立健全以镇扶贫站为主阵地、各村为主战场、贫困户为主攻点的工作网络。建立层级责任保障，花马池镇制作了脱贫攻坚作战图，明确了党政班子及镇村干部的具体责任，镇党委书记为第一责任人，包村领导为直接责任人，包村干部、驻村工作队及各村党支部书记为具体责任人，明确脱贫任务及时限，形成一把手亲自抓、分管领导具体抓、一级抓一级、层层抓落实的工作格局，使全镇上下形成了脱贫攻坚工作由“要我为”转变成“我要为”，提高了工作效率，转变了工作作风，切实为贫困户吹去了脱贫致富的“春风”。建立督查机制保障。建立完善脱贫攻坚工作考核机制和帮扶工作考核办法，将每周三、四确定为扶贫工作日，要求包村领导、包村干部深入所包贫困村和贫困户，及时了解扶贫对象存在的困难与问题；每月初召开一次脱贫攻坚推进会，各包村领导及各村汇报工作进展，查找薄弱环节，研究工作计划。同时把扶贫工作成效纳入党员干部考核内容，考核结果与年度目标责任制考核挂钩，严格奖惩。建立政策宣传保障。为使群众全面准确掌握各项扶贫政策，以村为单位，分别建立帮扶责任人和干部工作交流微信群，形成包村领导、帮扶责任人、镇村干部、贫困户四人网络小组，以新媒介为纽带，利用文字、图片、视频等多种形式向贫困户宣传扶贫政策，便于帮扶责任人及时了解和掌握贫困户尤其是外出贫困户的最新动态和需求，达到了帮扶责任人和贫困户之间的有效双向互动，为脱贫攻坚开创了一条“无线”之路，切实做到扶贫政策宣传“全覆盖”。

案例：惠安堡镇建强村“两委”班子，培育致富带头人

群众富不富，关键看干部。近年来，惠安堡镇党委始终坚持“党建+扶贫”的思路，结合村“两委”班子换届，选拔任用了13名想干事、能干事的“领头羊”充实到村“两委”班子，基本实现了村村有新人，使村“两委”班子成为脱贫攻坚的战斗堡垒。上级组织选派了6名镇长助理、8个驻村扶贫工作队，不断加强扶贫工作力量。培育了萌城的陈志国、杜记沟的张俊、四股泉的殷秉虎、大坝的刘仲昌等一批创业能手和脱贫致富带头人，带动群众发家致富奔小康。

二　选派骨干驻村扶贫

实施能人治村，夯实发展基础。盐池县把选优配强村级组织带头人作为促进村级经济发展的基础工作来抓，坚持“内选”与“外派”相结合，结合村“两委”换届，坚持把有理想信念和奉献精神、能带来希望，有经济头脑和致富本领、能带领发展，有良好品行和公道之心、能带出和谐的优秀人才选为村党组织书记，村“两委”换届后，有67名农村致富能手、合作组织（经济协会）负责人被推选为村党组织书记或村委会主任，承担起了引领村级组织和广大群众发展经济的重任。同时，结合脱贫攻坚工作，按照“硬抽人、抽硬人”，下派第一书记74人，并出台了《扶贫开发驻村工作队及第一书记管理办法》，确保第一书记扎根基层，抓党建促脱贫，抓经济促发展。

区市县联动抽调222名优秀干部组成74个工作队，按照“党群部门到软村、政法部门到乱村、经济部门到穷村、涉农部门到专业村”的思路驻村帮扶，做到建档立卡贫困村全覆盖。制定驻村第一书记和驻村工作队考核办法及调整召回、激励保障、部门支持等“1+6”管理制度，建立县委组织部、扶贫办、派出单位、乡镇、村“五位一体”联动管理机制和“一述职两测评四联考”考核机制，积极引导第一书记和驻村工作队加强党建实基础、紧盯民需办实事、立足发展解难题，成为精准扶贫、精准脱贫和实施乡村振兴战略的重要力量。

案例：花马池镇抓“党建+脱贫”，发挥基层组织引领作用

花马池镇结合开展“三大三强”行动和实施“三个带头人”工程，调整了裕兴、沙边子2个村党支部书记，重新选举了四墩子村委会主任，配齐配强村“两委”班子，形成了脱贫攻坚工作以政府为主阵地、各村为主战场、贫困户为主攻点的脱贫攻坚工作三级网络；采取“支部+合作社+贫困户”的发展模式，把财政扶贫资金和群众贷款入股凝聚形成股权注入合作社，量化到每一个贫困户，让群众成为村集体的“股民”，主动积极参与到村集体经济发展上来，既培育壮大村集体经济，又增加了贫困户收入，形成了惠泽肉牛养殖、盈德黄花种植、四墩子村曹泥洼的拱棚种植、皖记沟光伏发电等村集体经济先行示范村；加强驻村工作队及驻村第一书记管理，跟踪进行考核，对因工作变动或不胜任不称职的驻村工作队及驻村第一书记及时申请进行调整。先后调整了佟记圈、东塘、冒寨子、八岔梁4个驻村第一书记和裕兴村驻村工作队队员1人。

三 强化部门帮扶，创优发展环境

盐池县把加大部门扶持力度作为推动村级集体经济发展的

有效举措，结合脱贫攻坚、机关干部下基层，大力推行机关企事业单位党组织结对联系农村党组织活动，发挥部门、单位党组织信息、资金、项目优势，帮助村级组织制订发展计划、协调发展项目，为村级组织发展集体经济提供了良好的资金和智力支持。组织81个机关企事业单位党组织与村党组织牵手共建，组织3000余名机关党员、干部职工深入到59个贫困村8428贫困户，帮助发展村级经济、促进群众增收致富，受到了基层和群众的认可和好评。

案例：上下联动结对攻坚

盐池县先后选派37名县直机关年轻干部到乡镇挂职党委副书记或乡镇长助理，专职助力脱贫攻坚。结合民情大走访、机关干部“下基层”等活动，组织3100多名各级机关党员干部与11203户建档立卡户结成包联对子，帮思路、帮政策、帮项目、帮技术、帮资金，推动了人才、技术和资金向基层倾斜，为全县脱贫攻坚提供了强大的人力、物力保障。2014年以来，区市县各帮扶单位共落实帮扶资金4139万元、协调项目资金3.1亿元，为群众办实事1105件。

案例：高沙窝镇寻求社会帮扶是实现脱贫富民

在社会扶贫的方式上，高沙窝镇积极探索一二三产业融合发展模式，充分调动社会各方力量参与到脱贫攻坚工作中来，全方位开展社会帮扶工作。实现驻村工作队（第一书记）贫困村全覆盖，帮扶责任人帮扶全覆盖，因村因户帮扶工作群众满意度力求达98%以上。压实帮扶单位和驻村工作队的包村责任。2017—2018年，争取协调帮扶单位资金46万元，用于各村环境卫生整治、维修建房等，帮扶单位为建档立卡户捐款捐物77.18万元；驻村工作队为各村注入帮扶资金600余万元，为建档立卡户捐款捐物92

万元，大疙瘩村驻村单位宁煤集团投入资金525万元，帮助新打机井5眼、购置青储联合收割机等设备6台，全力扶持大疙瘩村，壮大村集体经济；二步坑驻村单位吴忠建行捐资20万元，用于为村集体打机井1眼。引导社会力量参与帮村帮户。镇内和本镇籍企业家积极为脱贫攻坚出力，先后捐资180万元左右；镇党委、政府募集社会资金4.9万元，带动全镇49户无劳无业人员养殖鹌鹑，给予每户1000元入社资金补贴，由镇政府与合作社签订协议，合作社与农户签订代养协议，每户可享受年分红600元。

建立企业结对帮村扶贫工作新机制。高沙窝镇采取"党支部+企业+农户"的模式，主动与企业对接，与宁夏佰康实业有限责任公司、宁夏梭梭部落游牧产业发展有限公司、宁夏绿即达生态农业科技有限公司、宁夏瑞科化工有限公司、西吉吉元总公司、盐池县益晟泰种养殖专业合作社6家达成协议，每个企业帮扶1—2个村，连续帮扶3年，每家企业每年投入帮扶资金20万元左右，在健康扶贫、产业扶贫、就业扶贫、思想扶贫等方面为帮扶村农户提供扶持。其中，宁夏佰康实业有限责任公司为全镇16名癫痫病患者每人捐助癫痫病治疗仪1套，充分发挥了医疗企业在大病救助上的专业优势；宁夏梭梭部落游牧产业发展有限公司，以经营羊肉、小杂粮加工为主，在镇党委的大力协调下，增设了咸猪肉加工车间，并承诺以高于市场价2元的价格收购长流墩、施记圈2个帮扶村建档立卡贫困户的猪肉、羊肉，猪肉收购保底价为15元，该公司将在推进当地产业结构调整、帮助老百姓降低养殖业风险等方面提供帮助；宁夏绿即达生态农业科技有限公司为帮扶的宝塔村、营西村每村免费捐助生物有机肥10吨，且农户享有低于市场价50%的特权购买该公司的有机肥；盐池县益晟泰种养殖专业合作社以入股分红的方式带动二步坑村、大疙瘩村10户无劳无业人员，每户入股本金5000元，年分红600元，将有效解决年老户无稳定产业的问题。社会帮扶力量作用的充分发挥，推进了产业的持续性发展，激发了农户的内生动力，凝聚脱贫攻坚强大合力。

四　加强扶贫资金管理，确保资金安全规范使用

建立健全了多元投入机制。2014年以来，盐池县财政共捆绑整合各类资金72.9亿元，协调闽宁协作帮扶资金2844万元、中航油帮扶资金1850万元，扎实推进产业扶贫、基础设施提升、旅游扶贫、健康扶贫、兜底保障扶贫，并通过设立担保基金等方式，撬动担保贷款、贷款贴息、产业保险等各类扶贫资金8.06亿元，充分发挥了四两拨千斤作用。持续加大基层党建工作经费保障力度，先后争取中央财政专项资金和中组部补交党费2180万元，扶持发展村集体经济，县财政每年为每个行政村划拨8万元办公经费，将村“两委”正职年任职补贴按全县上年度农民人均可支配收入的3倍发放。2017年，县财政拿出268.2万元，对全县村组干部及村监会成员进行绩效考核奖励，确保村级组织有钱办事、有人干事。

案例：健全多元化党建经费投入保障机制

盐池县先后新建改建维修村级活动场所86个，大力推进电子商务、医疗卫生、金融服务进农村，基层阵地服务党员群众的功能不断完善。积极引导各村党支部立足资源禀赋，结合实际，积极探索产业带动型、金融造血型、资本运作型、土地增值型、服务增收型等发展路子，采取村企合作模式，为74个贫困村建设光伏电站，每个贫困村村集体经济收入年增收22万元，持续20年，2017年年底，全县102个村经营性收入全部达5万元以上，基层组织服务脱贫攻坚的能力显著增强。

全面落实目标、任务、资金、权责“四到位”，健全分工明确、权责匹配、运行规范、管理到位的扶贫项目监管机制，强化监督和审计，确保项目资金安全规范使用。在项目验收上，成立项目验收组，逐村逐户对扶贫项目进行验收，由支书、主任、包村领导、包村干部、第一书记、帮扶责任人共同签字后上报镇党委会议审定，公示无异议后，所有资金全部通过一卡通形式进行兑现。在扶贫项目实施过程中严监管、勤追踪，建立全过程监管制度，加强对项目建设事前、事中、事后全过程监管，建设常态化督导检查制度，及时调度、跟踪检查项目实施情况，及时查摆、及时解决。同时，严格按照《盐池县脱贫攻坚“三级公开”建设方案》，对产业扶贫、金融扶贫、教育扶贫等专项扶贫补贴资金及各类扶贫政策全部进行了公开，做到扶贫项目阳光运行和扶贫政策落实到位，主动接受广大干部群众监督。

案例：麻黄山乡全力实施监管落实工程

麻黄山乡针对扶贫领域违规违纪仍有发生等问题，对各类扶贫政策及验收情况及时进行公示，同时，进一步加大督查和审计力度，乡纪委牵头逐村进行扶贫专项资金和项目督查，并邀请县审计、农经等部门及时开展专项审计，坚决筑牢扶贫领域“跑、冒、滴、漏”的第一道防线。

第三节　增强造血功能和内生动力

盐池县各级党组织坚持把产业发展作为党建引领脱贫攻坚的重要内容，按照支部引路、党员带动、政策扶持的工作思路，积极引导广大党员群众兴办产业给力扶贫、发展产业稳定脱贫，增强扶贫实效，让贫困群众脱真贫、真脱贫、能致富。盐池县把发展集体经济与促进农业产业化结合起来，立足各村资源禀赋，引导各村结合实际，积极探索金融扶贫型、光伏创收型、资源开发型、土地增值型、资本运行型、服务增收型、电商带动型等发展路子，涌现出了王乐井乡曾记畔村利用互助资金壮大、冯记沟乡雨强村开办粮油加工厂、麻黄山乡何新庄村发展乡村旅游壮大集体经济等典型。

案例：花马池镇开展技能培训，提升贫困户造血能力

花马池镇整合人社、扶贫、电商等培训资源，对有产业发展、就业创业意愿的贫困户实施“雨露计划”“阳光工程”、农业实用技术和就业创业培训，保证贫困户家庭至少有1个劳力掌握1—2门实用技术。共举办种植养殖、刺绣等培训班42期，培训2061人，其中驾驶证培训500人。通过定向推荐，提供公益性就业岗位，累计安排202名贫困户参与环境卫生公益岗，每人每年收入达4800元，实现就业1人，脱贫1户。

案例：开展“空壳村清零2020行动”

盐池县自2017年开展“空壳村清零行动”以来，坚持把发展壮大村级集体经济作为加强农村基层党组织建设、打赢脱贫攻坚战的重要抓手，聚焦市委确定的年集体经济经营性收入低于1万元的82个村，大力发展村级集体经济，取得了明显成效。2016年以来，采取村企合作的方式，以村集体出土地，中国民生投资股份有限公司建设施的形式，为全县74个贫困村建设光伏电站74个，每村集体经济每年稳定收入22万元，持续收入20年，一举摘掉了“空壳村”的帽子。截至2017年年底，全县102个村经营性收入5万—10万元的19个，10万—20万元的9个，20万—30万元的63个，30万元以上的11个。

一　党组织引领产业发展

坚持把党组织建在产业链、扶贫链上，注重发挥党组织在产

业发展中的引领服务作用，先后在农业龙头企业设立党组织5个，设立特色种植养殖功能党小组132个，健全完善以党组织为核心，以龙头公司、产业基地、合作组织、专业协会等为支撑的“党支部+N+农户”精准扶贫组织体系，不断扩大党组织的服务效应，推动以滩羊为主导，黄花、牧草、中药材、小杂粮为辅助，适合家庭经营小品种为补充的“1+4+X”特色优势产业做大做强，特色产业为贫困群众增收的贡献率达80%以上。

案例：雨强村春雨粮油加工厂

雨强村春雨粮油加工厂是冯记沟乡探索推进“支部+产业链”模式，把基层服务型党组织建设与产业培育、脱贫攻坚紧密结合，大力发展村集体经济的具体实践。2015年2月，由雨强村党支部牵头注册成立春雨粮油加工厂。2018年6月，村“两委”班子在乡党委、政府的支持帮助下，筹措资金150余万元对原有厂房机械进行了扩建更新。项目总占地面积为2300平方米，厂房建筑面积1110平方米，购置自动化胡麻加工生产线一条和半自动化油料瓶装加工设备一套，经过一段时间的试生产，加工设备整体运行良好，目前已加工成品油5吨。

在生产方面，加工厂投产运营后，满负荷24小时运行一天可处理胡麻原料8000公斤，生产成品油2400公斤，毛利润达57600元（2400公斤×24元）。生产成本45900元〔胡麻籽原料成本40000元（8000公斤×5000元），人工工资3000元（20个工×150元），电费2000元/24小时，瓶装原料费896元（560个塑料瓶×1.6元）〕。每吨利润1460元，全年按生产250天计算，可加工原料2000吨，年利润290余万元。

在管理方面，公司日常管理运营暂时由村委会负责，聘请专业会计负责财务管理，由村党支部班子成员和村监会成员全程监督管理。公司正在积极申报QS标示认证，力争产品早日进入商场销售环节，同时依托淘宝电商平台扩大销售渠道。

在带动方面，加工厂采取“支部 + 公司 + 党员 + 贫困户”模式，将50户建档立卡贫困户纳入其中，村集体出资提供胡麻种子，以订单形式高于市场价格鼓励农户种植胡麻等油料作物，在发展壮大村集体经济的同时增加农民收入，让村民共享发展成果。2016年全村试种植胡麻等油料作物1000余亩。

在服务方面，项目正常运营后，有效发挥了村级基层服务型党组织带动引领作用，2017年实现由集体承担全村医疗、养老保险费用，并利用3—5年时间将雨强村建成油料加工种植大村，实现农民人均可支配收入翻一番的目标，力争成为全县“产业型”示范村的“领头雁”，实施“强龙工程”舞“龙头”的典范。

案例：抗“千斤担”，打出好铁

何新庄村党支部把旅游扶贫作为一个常态的脱贫致富长项，通过坚持搞乡村旅游、打造旅游文化精品村实现脱贫。党支部通过“村集体 + 产业 + 农户”模式调动各方积极性，“何家大院”休闲驿站项目于2016年8月4日开工建设，投入资金600余万元，共改建修缮窑洞15孔，新建设施用房600余平方米，内含乡贤馆、民俗馆各1所，客房餐厅12间，休闲中心1处，电商服务站1处，建筑面积约8000平方米。同时整合美丽村庄项目，配套建设12座半开放“农家乐”式庭院，预计整体接待能力将达500人次/日，整体工程于2017年4月初可交付使用。2017年年底已接待游客达5000人次，实现营业收入100万元。通过发展周末经济，深入开展“互联网 + 脱贫 + 农特产品 + 乡村休闲游”脱贫计划，按照“季有主题、月有活动”的总要求，先后开发了“一个平台”（“四季麻黄山”微信平台），打造了“两条线路”（全域旅游AB线，建成14个电子地标牌），充分挖掘“四季景致”（“春赏杏花”“夏营原野”“秋望星空”“冬观雪景”四季景观），建成县域旅游承接站和宁夏东部的避暑胜地，逐步形成吃、住、行，购、游、娱“六位一体”全域旅游的新模式，着力打造魅力省域边城，真正达到以旅促农、以农促旅，开辟贫困群众增收致富的新途径。截至目前，组织开展了“离都市最近的杏花观赏行”“端午节之仰望星空”“清凉麻黄山邀您来避暑”“漫山荞麦花之休闲自驾游”等系列主题活动，先后被宁夏电视台和《宁夏日报》《吴忠日报》等媒体报道，有力地宣传和提升了麻黄山的美誉度。项目已成为全乡全域旅游的地标性设施，对提升全乡的乡村休闲游起到极大的示范带动作用。

二 致富能人带动产业发展

采取在本乡本村现有能人中培育扶持一批、从外出创业成功人员中召回一批、依托特色产业引进一批的措施，培育致富带头人269人。将农村致富带头人纳入支持农民工返乡创业的各项优惠扶持激励政策体系，先后争取区市党（团）员创业致富资金380万元、农村妇女小额信贷资金5700余万元，设立规模为200万元的“红色基金”，支持党员领办、协办种养基地（园区）412个、家庭农场41家、专业合作组织273家，结合农村党员承诺践诺活动，引导致富能人党员争做致富带富帮富先锋，带动贫困户发展特色增收产业。

案例：回乡创业天地宽，循环农业促脱贫

杨彦昭是宁夏回族自治区盐池县二道沟村民，大学文化程度，现任宁夏回族自治区盐池县湖生种养殖专业合作社理事长。2007年大学毕业后，一直在外打拼，拥有一份稳定且收入较高的工作。2012年一次返乡，他发现本村很多村民仍在贫困线下挣扎，生活极度贫困，迫于缺少资金，缺乏技术等原因，土地大规模荒废。杨彦昭在得知国家三农政策后，不顾亲人的反对，在乡亲们的冷嘲热讽中毅然回乡，开始了他的创业之路。万事开头难，创业初期，杨彦昭十分茫然，不知从何下手。经过一番慎重的思考，在家人的帮助下，杨彦昭决定先从了解本村情况及农户情况做起。2014 年年初，杨彦昭不分昼夜地走东家进西户，深入到农户家中，就农村土地流转及农户增收等问题与农户进行沟通交流。通过了解，杨彦昭归纳出农户对土地流转存在疑惑的原因：农户对土地流转政策不够熟悉，思想认识不足，心存顾虑，怕土地流转会失去承包经营权，加上农民的恋土情节，为了自己的利益，宁愿土地闲置荒废，也不愿流转出去。针对此情况，杨彦昭决定先从自己家族和思想比较开明的农户入手，同时邀请村中德高望重的长辈协助做工作，并提出"我耕他种、他不种我种"的耕种方式，承诺在耕种的基础上耕地费低于市场 20%—30%；如果"他不种我种"，每亩为农户支付 50 元土地费，通过不懈的努力，最终流转土地 1500 亩。土地的问题解决了，更大的困难还在后面，面对土地流转、土地耕种、化肥种子、购置大型农机具等所需大量资金，杨彦昭显得束手无策，但在困难面前从不低头的他没有被困难吓倒。他多方奔走，找政府、找银行、找亲朋，最终筹集资金 100 余万元，资金问题顺利解决，所流转的土地得以耕种。

经过近一年的创业，杨彦昭意识到单凭自己单打独斗难以带动更多农户共同致富，为更好地整合本村土地资源，充分发挥本村的区位优势，组织带动农民共同致富，杨彦昭于 2014 年 10 月 15 日成立了盐池县湖生种养殖专业合作社。最开始入社 6 户 28 人，合作社前期投资 230 万元，流转土地 6118 亩，购买大型拖拉机 2 辆，大型收割机 2 辆，装载机1辆，播种机2台，玉米覆膜机1台，大型农具若干台。2014年年底，杨彦昭的努力得到了回报，也向流转土地的农户兑现了当初的承诺，他的创业之路逐步走向正轨。2015年，更多的农户愿意流转土地，加入杨彦昭的合作社，杨彦昭没有因此改变当初的耕种方式，继续按照“我耕他种、他不种我种”的政策兑现承诺。当年杨彦昭共耕种土地8150亩，其中流转土地6118亩，为一般农户耕地1832亩，为贫困户耕地200亩。为一般农户耕地每亩收25元，每亩土地耕作三遍，为农户节省资金27480元，免费为贫困户耕地，为贫困户节省资金18000元。他的这一做法，得到了农户的好评，受到了各级政府的表彰，提高了农民流转土地的积极性。2015年，湖生种养殖合作社种植甜荞4000亩，亩产100斤，产量40万斤，按当前市场价格每斤2元，收入80万元；苦荞1500亩，亩产100斤，产量15万斤，按当前市场价格每斤1.7元，收入25.5万元；种植玉米1000亩，亩产400斤，按当前市场价格每斤0.8元，收入32万元，以上三项种植的农作物总收入达137.5万元。在带来经济效益的同时，也带来了社会效益：一是带动就业，增加农民收入。按每人每年工作日为200天计算，长期安置劳动力人数6人，且人均年收入3万元，合计18万元；农忙季节可短期安置农动力人数30人，且人均收入3000元，合计9万元，长期和短期共为全村农民增收27万元。二是为105户农民按照低于市场价格20%的标准耕种土地1600亩，同时为全村6户贫困户直接免除耕种土地费用。三是流转土地6118亩，每亩土地为费用50元，农民获得租金30.6万元。四是促进了农业结构调整，发挥了规模效益。农民将土地委托给合作社统一规划、集中连片经营，改变了过去农户分散种植品种不统一，田间管理水平差异大的状况，实现了规模化、集约化生产，降低了生产成本，提高了经济效益。

2016年年初，合作社共筹集资金300余万元，在盐池县大水坑镇南洼自然村建设盐池县二道沟村循环农业扶贫示范基地。新建小杂粮加工厂一座，采用“工厂+合作社+农户”的生产模式，带动220户农民种植19000多亩品种不同的小杂粮。建设滩羊养殖大棚40座，以滩羊为主，采取母羊繁殖为主的生产模式，不断扩大养殖规模；建设生猪养殖大棚70座，以土猪养殖为主。2016年9月份，盐池县二道沟村循环农业扶贫示范基地竣工并开始运营。在各级政府的支持与帮助下，自2016年下半年开始，合作社与全村的贫困户签订精准扶贫协议书，合作社承诺给全村的贫困户每户每年兜底分红2000元人民币，小杂粮加工厂按照高于市场价10%的价格收购贫困户的小杂粮。2017年，在各级政府的大力支持下，杨彦昭的创业得到了长足发展。合作社根据实际，确定了2017年发展思路：最大限度地发挥土地资源优势，全面提高土地利用率，增加农民收入，打造生态绿色循环种植养殖，总体规划是建立1万亩优质小杂粮基地；兴办一个小杂粮加工厂；利用农作物秸秆、优质苜蓿草养殖，建设年出栏1万只滩羊养殖场和年出栏1000头生猪养殖场；利用动物粪便做有机肥料，种植绿色健康无公害小杂粮，打造自己的产品品牌。

合作社利用当地特有的自然、地理条件，大力推广优质小杂粮种植。为了提高小杂粮品质和市场价值，提高农户的经济收入，合作社今年在全村范围内建立优质小杂粮种植基地1万亩，联系农户种植同一品种的品质好、产量高的荞麦、土豆和小米，由合作社统一购买种子、化肥、农药，并由合作社统一按不低于市场价格收购，以此保证小杂粮品质和农户的利益。对于没有将土地流转给合作社的农户，合作社仍将统一规划，耕地费、播种费以及收割费等都按低于市场价格20%—30%收取，保证农户的经济利益和农户种地的积极性。合作社还努力办好小杂粮加工厂。投资200万元建成小杂粮加工厂，采用“工厂＋合作社＋农户”的生产模式，带动农户种植19000多亩小杂粮。项目实施中的整个种植过程将采用纯天然、无污染的种植技术，逐步减轻化肥对环境造成的危害，充分利用现有资源，最终使土壤环境得到彻底改善，实现小杂粮的有机种植。同时，合作社养殖滩羊和生猪。有万亩耕地作为基础，充分利用农作物秸秆和加工厂的米糠等，大大减少了养殖的成本。合作社2016年年底投资100万元建成滩羊养殖大棚40座，以滩羊为主，采取母羊繁殖为主的生产模式，不断扩大养殖规模。投资80万元建成生猪养殖大棚70座。目前，养殖滩羊1400多只，猪400多头，年收益30多万元，每年为建档立卡贫困户分红2000元。

面对未来，杨彦昭的眼光更长远了，他不仅对自己辛苦创办起来的合作社做强做大抱有希望，他更大的愿望是能更好地回报家乡，用自己的行动带领父老乡亲走上共同富裕之路。这位朴实憨厚的小伙子常说：“政府帮助我铭记于心，乡亲们的支持，我很感谢，我相信还有比赚钱更有意义的事，就是不忘初心，努力回报乡亲，带领大家共同致富。”

案例：把致富带头人培养成基层党员，带动群众致富

在外创业多年的陈纪元看到猫头梁村近年来生态的变化后，2015年在村党支部的积极协调下，他毅然放弃了在外创业的机会，回到家乡发展生态农业，探索破除“种地赔钱”的传统模式，开始了以绿生金生态脱贫创业梦，现在，经理陈纪元同志被猫头梁村党支部列为入党积极分子重点培养。绿林公司在猫头梁村集中流转土地1060亩（其中贫困户18户），先后投入资金400万元，种植黄花200亩，核桃、苹果等经果林100亩，马铃薯、红葱等蔬菜210

亩；养殖滩鸡5000只，新建鱼塘2个，养鱼2万余尾；新建日光温室12道，种植蟠桃、葡萄、冬枣等特色采摘品种24亩，新建农家乐600平方米。截至目前，已解决40余名贫困户劳动力就地就业，仅土地流转、劳务输出就带动30户贫困户每户实现增收2万元以上的目标。下一步，该公司继续搭建平台，科学规划管理，积极谋求发展，鼓励有劳动能力的农户进入园区实行产业脱贫，带动本村6个自然村的农户发展，公司无偿提供技术指导和苗木种植，农户进行田间管理和科学经营，积极探索以提供黄花管护、采摘和大拱棚承包种植模式，实行公司和农户六四的分配利润和大户土地并轨、农户入股分红的发展模式，最终通过公司的示范带动和结对帮扶，解决周边100余人的就近就业问题，每年保证全村贫困户每户纯收入达1.5万元，全面实现猫头梁村80户252人贫困人口的脱贫目标，真正坚持农户跟着公司走，公司跟着产业走，产业跟着市场走的健康发展理念，集中打造全乡最大的特色采摘、生态休闲、垂钓旅游基地，全面实现农企共赢、企地共建、共同发展的脱贫致富目标。猫头梁村党支部推出“党支部+公司+党员+农户”的发展模式，最终要实现农户积极参与，企农共同致富。当群众看到先参与经营的党员腰包渐渐鼓起来后，纷纷积极加入。通过几年的规范管理和科学运营，实现了公司升级、群众增收、共创共赢、脱贫富民的目的。

三　政策扶持助推产业发展

盐池县把创优发展环境作为发展集体经济的关键措施来抓，先后制定出台了《关于进一步做好发展壮大村级集体经济工作的通知》《关于贯彻落实〈吴忠市关于支持村级集体经济发展的实施意见〉的分工方案》等政策措施，积极整合发改、财政、扶贫、金融以及涉农部门项目资金，优先扶持村级组织发展集体经济，切实为发展村集体经济创造必要条件。围绕全县滩羊、黄花产业发展，加大对村级组织种植黄花、养殖滩羊的扶持力度。先后争取中央财政专项资金2000万元、中共中央组织部留存党费180万元，扶持16个村级组织办实体、搞经济，涌现出了花马池镇惠泽村“党支部+合作社”发展肉牛养殖、大水坑镇新泉井村发展饲料加工厂等壮大村集体经济实体的例子。

案例：实施政策倾斜，增强发展动力

花马池镇为进一步发挥特色产业在脱贫攻坚工作中增收带动效益，结合镇区域实际，编制印发了《花马池镇2017年鼓励建档立卡贫困户发展多种经营项目实施方案》，全镇建档立卡贫困户养殖土猪2头以上（每户不超过5头），每头补助400元；种植红葱3亩以上（每户不超过10亩），每亩补助200元，种植拱棚（每户不超过3座），每座补助700元；养殖滩鸡每只补助50元；种植饲草料及玉米秸秆每吨补助50元，秸秆打捆每亩100元，种植青贮玉米每亩100元；外出务工符合条件的每户补助2000元。一方面引导贫困户通过发展优势特色产业增收致富；另一方面也助推了全镇特色产业发展。2017年全镇建档立卡贫困户饲养土猪2604头，种植红葱717.1亩、拱棚409座，贫困户通过多种经营年增收2000元左右。

大水坑镇为发挥政策补助刺激作用，近年发放马铃薯种植补贴资金8.4万元，小杂粮种植补贴资金255万元，优质牧草种植补贴资金190万元；鼓励农户新建羊棚1250余座，发放补贴资金600万余元；新建猪棚250座，发放补贴资金50万元；购买农机193具，发放补助资金85万元；年饲养滩鸡4万余只，发放补助资金82万元；发挥教育扶贫作用，“雨露计划”资助112人33.6万元；开展技能培训班，劳务输出1.6万人次。

第九章　盐池扶贫的普遍启示意义

第一节　发挥政府的引导作用，强化对中央精神的执行力

贫有百样、困有千种。解决问题必须依靠强有力的改革创新来实现，盐池县党委和政府坚持问题导向，统揽经济社会发展全局，充分发挥政治优势和政府引导作用，调动各方面参与的积极性，精准施策，全力打好脱贫攻坚战。

一是建立脱贫攻坚责任体系。坚持在健全完善脱贫责任体系、政策体系、工作体系、监督检查上下功夫，精准施策上出实招，精准落地上见实效。

二是建立精准扶贫政策体系。解决好“扶持谁、谁来扶、怎么扶、如何退”的问题，对各级各部门精准扶贫责任进行细化量化，切实做到扶持对象、项目安排、资金使用、措施到户、因村派人、脱贫成效的精准。

三是建立聚力攻坚工作体系。充分发动全社会共同参与脱贫攻坚，构建党政主导、部门协作、社会参与的大扶贫格局，实现贫困村、贫困户帮扶责任人全覆盖。

四是建立脱贫监督问责体系。坚持以精准考核和严格问责倒逼脱贫责任全面有效落实，严格落实财政扶贫资金专款专用，防止“跑冒滴漏”，实现项目管理规范化、资金管理公开化、项目验收透明化。

第二节　善于抓扶贫工作的突破口，大胆探索创新

盐池县党委、政府在金融扶贫过程中充分发挥主导作用，瞄准贫困群众发展产业资金短缺的薄弱环节，以此为扶贫工作的突破口，创新金融扶贫，培育脱贫攻坚新格局。

一是盐池把金融扶贫作为脱贫攻坚的主要抓手，在“评级授信、扶贫小额信贷”等成功经验的基础上，大胆探索实践、大胆创新突破。逐步落实“互助资金＋金融信贷”的金融扶贫贷款捆绑放大机制，加大评星授级、免抵押免担保贷款、财政资金全额贴息等金融扶贫政策宣传力度，采取诚信支撑、产融结合、风险防控、保险跟进、改革创新“五大举措”，破解了贫困户贷款难、贷款贵等难题。

二是将金融活水引入贫困群众的主导产业。调动贫困群众创业增收的积极性，解决了制约金融脱贫的深层次问题，增强了自我发展能力，为脱贫攻坚注入了强劲动力。走出了一条“依托金融创新推动产业发展、依靠产业发展带动贫困群众增收”的富民之路。

第三节　求真务实、因地制宜，创新社会扶贫机制

一是在脱贫攻坚过程中，不好高骛远、不吊胃口。在脱贫攻坚过程中始终能够做到尊重发展规律，不随意提高脱贫目标，不随意降低扶贫标准，对干部不做招商引资硬性要求，不搞数字扶贫、虚假扶贫，不搞花拳绣腿，确保脱贫过程必须扎实、脱贫结果必须真实。首先实现了中央“两不愁、三保障”（即到2020年稳定实现农村贫困人口“不愁吃、不愁穿”，义务教育、基本医疗和住房安全有保障）的全国性脱贫攻坚目标。

二是坚持因地制宜，把培育特色产业作为脱贫攻坚的根本

之策，实现群众可持续稳定增收。在脱贫攻坚过程中始终把培育特色产业作为脱贫攻坚的根本之策，按照本地区特色优势产业发展方向，坚持“普惠+特惠”的原则，出台特色产业扶持政策，把当地贫困人口能够受益的产业作为发展重点，做到宜种则种、宜养则养、宜林则林，不断夯实脱贫攻坚产业基础。在做好发展主导产业的同时，坚持因户因人施策，充分发挥乡镇多种经营的主动性，结合当地实际，积极推动发展“一村一品、一户一业”，使之成为贫困群众增收致富新的增长点。通过采取集中扶持、合作经营等方式，构建多点发力、多业增收的产业扶贫格局，不断拓宽群众增收渠道，筑牢稳定脱贫致富根基。

三是积极发动和统筹利用各种力量和各种资源参与扶贫开发工作。将政府的“有形之手”、市场的“无形之手”以及人民群众的“勤劳之手”的共同作用形成有效合力。通过金融、财政和教育培训等手段，积极培育市场新主体，让人民群众的“勤劳之手”可以参与市场竞争并获得积极回报；利用市场化的手段，帮助农户与市场有效对接，实现经济效益与社会效益的融合一致。

第四节　把精准识别作为脱贫攻坚的首要任务

严格按照国家评定标准识别贫困对象，开展了横向到边、纵向到底的全面摸底排查，做到不漏一户不落一人。

一是严格程序保精准。针对识别标准不统一的问题，盐池县严格按照“两不愁、三保障”标准，结合实际，全面推行“五看十步法”，通过民主评议、综合分析等进行倒排序，精准识别贫困对象，一把尺子量到底，有效杜绝贫困对象“失真”。

二是阳光操作保精准。严格落实“四会议三公示”程序，严把宣传动员、群众评议和公示三个关键环节，采取召开村民小组会、村民代表大会、村“两委”班子会等形式由群众评判，全程阳光操作，确保了建档立卡贫困户识别的科学民主和公平公正。同时，多次开展“回头看”，及时查漏补缺，做到动态管理、有进有出、逐年更新，实现扶贫对象精细化管理，提高了群众知晓率、识别精准率和数据信息录入准确率。

三是严明纪律保精准。坚持把责任压到干部身上，严肃工作纪律，按照“谁识别谁负责、谁填报谁负责、谁包抓谁负责”的要求，采取“五审核十联签”方法，靠实责任，严把关口，解决建档立卡贫困户评定过程中受家族势力干扰、搞平均主义、偏亲厚友等因素造成的错评漏评情况。

第五节　把扶贫同“扶志”“扶智”相结合

扶贫脱贫，不是把饭喂到嘴边，而是通过政策的外力来引导和帮扶，精准扶贫政策让政府的一头热变成群众想要富，激发了贫困群众的内在动力。盐池坚持精神脱贫与物质脱贫并重，走教育引导提升素质的脱贫路子，引导群众把精力集中到脱贫致富上来，切实提振了贫困群众脱贫致富的“精气神”，形成了脱贫致富奔小康的合力。

一是立足扶贫先扶志，破除精神贫困。扶贫终究是扶“人”，关键在扶“心”。只要有志气，再贫困的家庭也能扶起来，懒汉是怎么扶也扶不起来的。因此关键是要把贫困户主动脱贫的志气“扶”起来，把“内因”激活起来，帮助群众树立想富、敢富、能富的心气劲，鼓励贫困群众依靠自己的双手苦干实干、勤劳致富，脱贫的腰杆才会硬起来，脱贫的办法才会多起来。

二是立足治穷先治愚，提高致富能力。通过加强教育、引导，让贫困户有摆脱贫困的迫切愿望；通过职业教育、农技推广、拓展信息渠道入手，让农民开阔眼界、拥有技能，在生产中充满底气、拥有信心。信心足了，群众才会各尽其能，摆脱“等、靠、要”的思想。不断强化劳动力转移中长期培训，建立职业教育与企业定向合作机制，实施“菜单式”培训，逐步形成了基础教育、职业教育、技能培训、教育引导“四位一体”教育格局，实现有条件的贫困户每人掌握1—2门实用技术，贫困群众的综合素质不断提高。

三是立足脱贫先脱旧，树立文明新风。深入开展“三破三立”大讨论、“移风易俗、弘扬新风”等活动，树立新思路、新作风。突出正向激励，坚持早干早支持，多干多支持，大干大支持，重奖农村致富带头人，对率先脱贫的典型户予以表彰奖励，激励贫困群众大干快富、光荣脱贫。

第六节　抓好基层党建，加强队伍建设

一是把夯实农村基层党组织作为脱贫攻坚的基础工程。脱贫攻坚靠的是农村基层党组织坚强有力。“帮钱帮物，不如帮建一个好支部”。盐池县委和政府牢固树立“围绕扶贫抓党建、抓好党建促脱贫”理念，选优配强支部班子，抓基层实基础，持续提升基层党组织的组织力，把基层党组织建设成为带领群众脱贫致富的坚强战斗堡垒。

二是健全完善以党组织为核心，产业基地、合作组织等为支撑的“一核多元”精准扶贫组织体系。把党支部、党小组建在扶贫链上、产业链上，促进金融链、产业链和支部链深度融合，互融互促，根据脱贫攻坚和产业发展的需求精准选干部、配班子。

三是配强脱贫攻坚“领头雁”。根据“选得准、下得去，融得进、干得好”的选人用人要求，注重从技术带头人、协会负责人、脱贫领路人中选拔村“两委”班子成员，将村“两委”

班子打造成一支“不走的扶贫工作队”。大力实施“党员大轮训”计划，分类型举办农村党员示范培训班，教育引导广大党员干部在脱贫攻坚中当先锋、作贡献，形成了党员带群众、先富带后富、携手奔小康的生动局面。

名词注释

1. “五看十步法”：一看房、二看牛和羊、三看劳力强不强、四看儿女上学堂、五看信用良不良和以户申请、组提名、村初评、入户查、乡复核、县审批、三公示、一公告、系统管、动态调的标准和程序。

2. “三包五到位”工作法：处级领导包乡包村，部门领导包村包组，一般干部包户包人；帮扶措施到乡镇、到村、到组、到户、到人。

3. “四会议三公示”程序：村民小组召开的村民大会、村民小组召开的村民代表会议、村“两委”会议、乡（镇）党委会议；村民小组公示、行政村公示、乡镇公示。

4. “五审核十联签”：在贫困对象确认上，实行村“两委”审核、包村领导和包村干部审核、乡镇党委和政府审核、包乡镇县领导审核、县扶贫领导小组审核；建档立卡贫困户花名册须经村支书、村主任、驻村第一书记、包村乡镇干部、包村乡镇领导、乡镇党委书记、乡镇长、县扶贫办主任、包乡镇县领导、分管扶贫县领导分别确认签字。

5. “十个一批”：维修加固、群众自建、政策兜底、购房安置、易地搬迁、集中建设、周转房安置、公租房扩面、租赁补贴和有偿拆除。

6. 滩羊“六统一”：统一购销价格、市场开拓、品牌宣传、营销策略、生产标准和饲草料使用。

7. “2 + X”菜单式扶贫保模式：家庭意外综合保和大病补充医疗保 2 个基本险全覆盖，同时可自主选择黄花种植保险（灾害保险）、马铃薯收入保险、玉米收益保险、玉米种植保险、荞麦产量保险、基础母羊和种公羊养殖保险、能繁母猪养殖保险、滩羊肉价格指数保险、金融信贷险、村级互助社成员保险等险种。

8. “四报销四救助”体系：基本医保报销、大病医疗保险报销、大病补充医疗保险报销、家庭综合意外伤害保险报销，民政医疗救助、扶贫慈善救助、财政救助、卫生发展基金救助。

9. “五项补助措施”：为所有建档立贫困卡户开展 100 元/人家庭医生签约服务补助；为建档立卡贫困户孕妇提供唐氏筛查和胎儿四维彩超检查补助，为非建档立卡贫困户孕妇补助一半费用；为 1970—1999 年出生盐池户籍人口接种乙肝疫苗补助；为建档立卡贫困户中原发性高血压、Ⅱ型糖尿病患者在基层医疗机构购药全额补助，为非建档立卡贫困户补助 50%；为建档立卡贫困户严重精神病患者在专科医院门诊购药进行补助，每人 4000 元/年，为非建档立卡贫困户严重精神病患者每人补助 2000 元/年。

10. “三大三强”行动：加大投入力度，强化基本保障；加大培训力度，增强能力素质；加大选拔力度，选优配强基层党组织。

11. “两个带头人”：党组织带头人、致富带头人。

12. “五百工程”：打造百个基层服务型党组织示范点、整顿转化百个软弱涣散基层党组织、培育百个脱贫销号先行村、创建百个星级远程教育示范站点、选树百名党员致富先锋户。

后　　记

盐池县位于宁夏回族自治区东部，地处毛乌素沙漠南缘，面积8522.2平方千米，辖4乡4镇1个街道办，102个行政村，总人口17.2万人，其中农业人口14.3万人，是中国滩羊之乡、中国甘草之乡。盐池县是宁夏中部干旱带上的国定贫困县，年降水量仅为280毫米左右，蒸发量却高达2100毫米以上，水资源极度匮乏，自然环境非常恶劣，贫困人口占比大、贫困程度深，有贫困村74个，贫困人口11203户32998人。

盐池县还是宁夏唯一经过红军长征、抗日战争、解放战争时期的革命老区，习近平总书记非常重视革命老区的扶贫攻坚工作，多次前往贫困地区调研考察。2015年2月13日下午，习近平总书记在中国延安干部学院主持召开陕甘宁革命老区脱贫致富座谈会，在会上总书记强调“我们实现第一个百年奋斗目标、全面建成小康社会，没有老区的全面小康，特别是没有老区贫困人口脱贫致富，那是不完整的。这就是我常说的小康不小康、关键看老乡的含义。”在听完盐池县的发言后，总书记强调，推动陕甘宁革命老区发展，必须结合自然条件和资源分布，科学谋划、合理规划，在发展中要坚决守住生态红线。

2018年6月25日，中国社会科学院亚太与全球战略研究院党委书记王灵桂带领调研组来盐池县开展“百城百县百企”调研活动，宁夏回族自治区党委、政府和吴忠市党委、政府高度重视，盐池县全力协调配合调研组的调研工作，盐池县县委书记滑志敏专门就盐池县经济社会发展的总体变化以及扶贫脱贫攻坚工作经验及做法作了专题报告，详细介绍了盐池县扶贫工作取得的进展、盐池的扶贫模式及特色；县四套班子分管领导以及组织部等16个职能部门的负责人结合本部门在扶贫领域的具体做法和成效与调研组进行了座谈交流。宣传部还先后组织并召开了经济部门、金融部门扶贫工作座谈会。

2018年6月27日，宁夏回族自治区党委书记、人大常委会主任石泰峰会见了调研组一行，王灵桂书记向石泰峰书记介绍了调研组在盐池县扶贫调研过程中的感受，认为多年来，盐池县在各级党委和政府的领导下，根据本地区资源禀赋，既不降低标准，也不吊高胃口；因地制宜，先行先试，积极创新金融扶贫模式，形成了独具特色的"盐池模式"；在创新的过程中充分体现了各级党组织、党员的精神担当、责任担当，充分发挥了政府"有形之手"的引导作用，释放市场"无形之手"的活力，调动盐池人民"勤劳之手"的积极性，使得盐池人民享受到了党和政府的惠民政策，逐步解决了温饱问题。石泰峰书记向调研组详细介绍了宁夏回族自治区经济社会发展情况，表示自治区成立60周年来着力推动经济发展质量变革，促进经济持续健康发展，取得了重大成就。但宁夏回族自治区是西部欠发达省区，宁夏推动扶贫开发由"输血式"向"造血式"转变，逐步走出了一条民族地区脱贫致富的新路子。石泰峰书记希望调研组在调研过程中多发现宁夏经济建设和产业发展中存在的问题，为推动宁夏高质量发展鼓劲；将来积极支持中国社会科学院与宁夏回族自治区开展卓有成效的合作、搭建良好的交流平台。

调研期间，调研组多次前往王乐井乡的曾记畔村、牛记圈村、刘相庄自然村，冯记沟乡马儿沟村黑土炕、平台自然村等地调研金融扶贫、滩羊养殖、土地流转、滩羊协会及乡镇小产业发展情况；去花马池镇盈德村、惠安堡镇大坝村等地调研健康扶贫、黄花种植、黄花协会发展并与种植户座谈。调研组在盐池先后举办了六次座谈会，参与座谈人员达80余位；深入10余户贫困家庭调研，行程达750余千米。对盐池县多个乡、镇等农村、农户的调研，对调研组成员来说既是一次对国情问题深入研究的机会，更是一次接受深刻思想教育的大课堂。近年来，盐池县把产业扶贫作为打赢脱贫攻坚战的根本之策，充分发挥党委的主导作用、金融保险的支撑作用、社会帮扶的缓减作用和贫困群众的主观能动性，积极探索创新产业扶贫机制，大量贫困人口正在通过养殖滩羊、种植黄花和牧草等多种途径，重新获得自信和希望，走出了一条产业支撑、产融结合、持续增收的脱贫富民之路，为全县人民实现稳定脱贫摘帽奠定了坚实的基础。

王灵桂，男，1967 年 11 月生，山东诸城人。现为中国社会科学院亚太与全球战略研究院党委书记、副院长、研究员。自 2015 年底起，同时担任中国社会科学院国家全球战略智库常务副理事长兼秘书长。主要研究方向是全球战略、反恐研究、伊斯兰教研究、中东问题研究、港澳问题研究等多个领域。任职期间，共计发表 400 余篇（部）作品，约计 1500 万字，其中部分研究成果分别荣获中国社会科学院对策研究特等奖、一等奖等；获国务院发展研究中心一等奖 5 次。2016 年被授予中国社会科学院 2013—2015 年度科研岗位先进个人称号。曾任多个重要项目的首席专家，并在国家重要政府部门中担任学术兼职。

张中元，经济学博士，现为中国社会科学院亚太与全球战略研究院国际经济关系研究室副研究员，主要研究方向是国际经济学和应用计量经济学。近期主要从产业价值链角度研究中国与“一带一路”沿线国家产能合作、亚太地区区域合作等。已在《世界经济与政治》、《数量经济技术经济研究》、《国际贸易问题》等学术期刊上发表论文 30 余篇。